PÄDAGOGISCHE PSYCHOLOGIE

LERNEN UND LEHREN MIT ERFOLG

Wie Wissen nachhaltig und erfolgreich vermittelt und aufgenommen wird.

Steffen Hasselbrink

INHALTSVERZEICHNIS

1. EINFÜHRUNG

1.1 WAS IST PÄDAGOGISCHE PSYCHOLOGIE?

Die Pädagogische Psychologie ist eine eigene wissenschaftliche Disziplin mit verschiedenen Forschungsbereichen, die Elemente aus Psychologie und Pädagogik miteinander verknüpft. Es geht jedoch nicht nur darum, pädagogische Prozesse zu beschreiben und zu erklären, sondern auch um eine Handlungslehre, die in der psychologischen und pädagogischen Praxis angewendet wird. Diese Praxisfelder sind zum Beispiel:

- Erziehungsberatung

- Familienberatung

- Schulpsychologie

- psychologische Beratung in der Aus- und Weiterbildung

- Erprobung von neuen Unterrichtsverfahren

- Entwicklung und Evaluation von neuen Lernmodellen und neuen Lehr- und Lernmedien

- Konzeption von multimedialen Lernumgebungen wie E-Learning

- Ausgestaltung von Arbeits- und Lernplätzen in Betrieben

Das bedeutet, in diesem Fach untersuchst Du Voraussetzungen, Verfahren, Prozesse und Ergebnisse in der Erziehung und Bildung auf der Basis von verschiedenen psychologischen Theorien, Konzepten und Ansätzen aus der Forschung. Damit gelingt es Dir, bereits bestehende pädagogische Fragestellungen auf einer empirisch-wissenschaftlichen Grundlage zu beschreiben, oder Du beschreibst auf derselben Grundlage neue Sachverhalte, die sich durch die Anwendung bestimmter psychologisch-pädagogischer Maßnahmen ergeben haben.

Die Pädagogische Psychologie gehört zu den sogenannten Anwendungsfächern und besteht aus verschiedenen Teildisziplinen, die oftmals gar nicht so leicht voneinander abzugrenzen sind. Auf der einen Seite ist das Fachgebiet sehr praxisbezogen, da sämtliche Erkenntnisse unmittelbar auf eine Anwendung abzielen. Andererseits ist die Pädagogische Psychologie auch eine wissenschaftliche Disziplin, die Erkenntnisse und Gesetzmäßigkeiten aus der Psychologie anwendet, um Phänomene in der Pädagogik zu erklären. In der Pädagogik können Situationen durchaus komplex sein. Um für komplizierte Sachverhalte eine Lösung zu finden, ist die Grundvoraussetzung, alle Komponenten zu verstehen. Verstehen selbst funktioniert über Konzepte, die der pädagogischen Psychologie aus anderen Grundlagenfächern wie

- allgemeine Psychologie,

- Entwicklungspsychologie,

- differenzielle Psychologie,

- Persönlichkeitspsychologie und

- Sozialpsychologie

geliefert werden. Konkret heißt das, Du verwendest zum Beispiel Werkzeuge aus der allgemeinen Psychologie, um Lernen, Denken, Verstehen und Problemlösung zu analysieren. Konzepte aus der Entwicklungspsychologie helfen Dir, den aktuellen Entwicklungsstand einer Person zu erfassen und zu beschreiben, damit Du pädagogische Maßnahmen passgenau abstimmen kannst. Möchtest Du verstehen und analysieren, warum es innerhalb einer Gruppe starke Unterschiede in der Entwicklung gibt, analysierst Du mit Mitteln der differenziellen Psychologie und der Persönlichkeitspsychologie die Ursachen, aus denen Du dann eine pädagogisch-psychologische Diagnostik entwickeln und schlussendlich geeignete pädagogische Maßnahmen finden kannst. Weitere Querverbindungen gibt es zur Arbeits- und Organisationspsychologie sowie zur klinischen Psychologie, da auch hier Überschneidungen mit der Pädagogik existieren.

Gut zu wissen: Die Pädagogische Psychologie legt keine pädagogischen Ziele fest. Diese Disziplin kann nur dabei helfen, diese Ziele genauer zu beschreiben. Auf diese Weise ist es möglich, zu überprüfen, ob vorgegebene (Lern-) Ziele erreicht werden. Ob ein Ziel wünschenswert ist oder nicht, ist allein eine Entscheidung der Pädagogik. Denn diese definiert Ziele aufgrund von Werten, Normen, ethischen Prinzipien und gesellschaftlichen Rahmenbedingungen. Oft kommen Ziele von den Eltern, aber auch von Lehrern oder bei Erwachsenen von der Betriebsleitung. Daher kannst Du Dir merken: Die Pädagogik zeigt Dir das Ziel von Bildung und die Psychologie gibt Dir Wege und Werkzeuge, um die Hindernisse auf dem Weg zum Ziel zu überwinden.

Gute Pädagogik ist daher keine Naturbegabung, sondern ein Arbeitsfeld, das Du erlernen kannst. Pädagogik ist ein Begriff aus dem Altgriechischen und bedeutete ursprünglich "Führung von Knaben". Später wurden daraus Kinder und heute richten sich pädagogische Arbeiten an Menschen aller Altersgruppen. Pädagogische Prozesse sollen affektive, motivationale und kognitive Zielvorgaben in der Persönlichkeitsentwicklung unterstützen. Diese Pädagogischen Prozesse finden auf allen Ebenen statt. Im Kindergarten und in der Vorschule, in der Schule, Ausbildung, Hochschule und Weiterbildung. Auch in Betrieben sind pädagogische Prozesse gefragt, wenn es darum geht, Angestellten Fähigkeiten, neue Kenntnisse und Werthaltungen zu vermitteln. Im Gesundheitswesen sind in der Rehabilitation, aber auch in der Altenarbeit pädagogische Prozesse erfahrbar. Wichtig ist, dass Du pädagogische Prozesse in BILDUNGS- UND ERZIEHUNGSPROZESSE untergliederst:

- Bildungsprozess: Hier geht es um den Erwerb von Wissen, Fertigkeiten und Fähigkeiten – die kognitiven Aspekte in der Persönlichkeitsentwicklung. Das bedeutet, Bildung wird durch Lehren und Lernen erreicht.

- Erziehungsprozess: Hier geht es um affektive und motivationale Aspekte in der Persönlichkeitsentwicklung, aber auch um das Sozialverhalten. Einstellungen, Erziehung und Werthaltung erfolgen durch das Wachsen in eine Gemeinschaft, was als Sozialisation bezeichnet wird. Erziehung kann dabei sehr eng definiert werden, aber auch um den Aspekt der Bildung erweitert werden.

BEISPIEL Kinder lernen im Umgang mit Erwachsenen verschiedene Kenntnisse und Fähigkeiten, aber auch Verhaltensweisen in der Gesellschaft, Einstellungen zu diversen Aspekten des Lebens und Werthaltungen. Es handelt es sich daher um eine Mischung aus Bildungs- und Erziehungsprozessen, die vom Kleinkindalter an wirken und die komplette Entwicklung der Persönlichkeit beeinflussen.

Die Pädagogische Psychologie möchte Kenntnisse zu sämtlichen psychischen Aspekten in pädagogischen Prozessen erhalten. Das bedeutet, dass zunächst Phänomene beschrieben werden müssen. Hierfür werden bestimmte psychologisch relevante Merkmale analysiert und verglichen. Am Ende kategorisierst Du Gemeinsamkeiten und Unterschiede mit den entsprechenden Fachbegriffen. Lautet Deine Aufgabe, das Erziehungsverhalten von Eltern zu beschreiben, verwendest Du Begriffe wie "autoritär" oder "warmherzig-akzeptierend". Sind diese Phänomene erst einmal beschrieben, ergibt sich für Dich direkt die zweite große Aufgabe in der Pädagogischen Psychologie: Du musst Erklärungen finden und Prognosen erstellen.

Bei wissenschaftlichen Erklärungen führst Du Deine Beobachtungen auf allgemein feststehende Gesetzmäßigkeiten zurück. Deine Erklärungen kannst Du testen, indem Du bestimmte Prognosen durchführst und im Anschluss überprüfst, ob Deine Vorhersagen tatsächlich eintreffen. Erklärungen und Prognosen folgen dabei einem ganz bestimmten Schema, dem Hempel-Oppenheim-Schema. Das führt ein Ereignis, das bereits eingetroffen ist oder das Du erwartest mit einer bekannten, allgemeinen Gesetzmäßigkeit auf eine mutmaßliche Ursache zurück. Hierfür verbindest Du insgesamt drei Aussagen – zwei sogenannte Prämissen und eine Schlussfolgerung – miteinander. Theoretisch sieht das so aus: "Wenn Ursache A gegeben ist, dann hat das als Wirkung B zur Folge" – damit hast Du die erste Prämisse und eine allgemeine Gesetzmäßigkeit. Deine zweite Prämisse lautet dann "Ursache A ist gegeben" und Deine Schlussfolgerung "Aus diesem Grund ist die Wirkung B eingetreten". Als Prognose gibst Du dann an "Deshalb wird die Wirkung B eintreten".

Was damit gemeint ist, erfährst Du nun an einem ganz konkreten Beispiel zur Kindererziehung. Die allgemeine Gesetzmäßigkeit und Prämisse 1 lautet: "Kinder werden ängstlich, wenn die Eltern einen sehr autoritären Erziehungsstil pflegen." Daraus ergibt sich Prämisse 2 und Ursache: "Die Eltern haben ihre Kinder sehr streng erzogen." Deine

Schlussfolgerung lautet: "Das ist der Grund, warum die Kinder so ängstlich geworden sind." Als Prognose wird dann abgeleitet: "Wenn Kinder von ihren Eltern autoritär erzogen werden, hat das eine Ängstlichkeit bei den Kindern zur Folge." Weitere Fragen, denen die Pädagogische Psychologie nachgeht, sind unter anderem:

- Welche Möglichkeiten frühkindlicher Förderung gibt es?

- Sollen Kinder eingeschult oder besser ein Jahr zurückgestellt werden?

- Für welche Schullaufbahn eignet sich ein Kind?

- Wie können Erwachsene zur Weiterbildung motiviert werden?

- Wie sehen attraktive Lehrangebote in der Erwachsenenbildung aus?

- Wie können Aggressionen bei Jugendlichen abgebaut werden?

- Mit welchen Maßnahmen kann autistisches Verhalten reduziert werden?

- Wie kann Schulangst reduziert werden?

- Wie können Kinder Kontaktschwierigkeiten überwinden?

Im Idealfall kannst Du pädagogische Maßnahmen direkt aus Forschungsergebnissen ableiten, wie es beim Hempel-Oppenheim-Schema der Fall ist. Deine Maßnahme darfst Du dann als wissenschaftlich begründet ansehen. Die Praxis hat jedoch ganz andere Regeln, und hier stoßen die allgemeinen Gesetzmäßigkeiten schnell an ihre Grenzen, was die pädagogische Psychologie zu einem sehr spannenden Bereich macht. Denn viele Probleme sind derart komplex, dass sich aus den bereits existierenden Theorien nicht unbedingt eine Patentlösung erstellen lässt.

BEISPIEL

Ein dreizehnjähriges Mädchen ist auf dem Gymnasium eine durchschnittliche Schülerin. Das Kind lebt bei der Mutter, die Eltern sind geschieden und der Vater ist aktuell arbeitslos. Die schulischen Leistungen werden immer schlechter, schließlich verweigert das Mädchen komplett den Schulbesuch.

Schule und Jugendamt haben begonnen, sich in dem Fall zu engagieren. Zunächst werden keine Maßnahmen ergriffen, da die Schulverweigerung als vorübergehendes Tief gesehen wird. Die voll berufstätige Mutter versucht ebenfalls, das Mädchen zu animieren, wenigstens am Abend daheim zu lernen. Doch auch das bleibt erfolglos. Etwa nach einem halben Jahr macht sich ein positiver Einfluss eines Verwandten bemerkbar und das Mädchen zeigt sich dem Thema Schule gegenüber wieder aufgeschlossen. Einen Monat danach möchte sie wieder probeweise zur Schule gehen, merkt jedoch, dass sie nicht mehr in der Lage ist, dem Unterrichtsstoff zu folgen. Sie wechselt vom Gymnasium auf die Realschule, doch die Leistungen werden immer schlechter. Mit Schuljahresende steht der Wechsel zur Hauptschule zur Debatte.

Fragestellungen, die sich aus der Situation in der Pädagogischen Psychologie ergeben, sind unter anderem:

- Zu welchem Zeitpunkt hätten welche Maßnahmen getroffen werden müssen?

- Wäre der Besuch bei einer Erziehungsberatung sinnvoll gewesen?

- Wäre therapeutische Hilfe direkt eine Option gewesen oder war das Abwarten richtig?

- Hätte die Erziehung konsequenter sein müssen?

- Hat die Familie zu spät reagiert?

- War das Mädchen ohnehin nicht für das Gymnasium geeignet?

Die Liste der möglichen Fragen kannst Du beliebig verlängern. Das gilt auch für Maßnahmen in dieser Situation. Es würde Dir nicht möglich sein, diese Maßnahmen aus wissenschaftlichen Forschungsergebnissen abzuleiten. Selbst das beste Forschungslabor könnte nicht alle Faktoren in diesem Fall umfassend untersuchen. Ist die Pädagogische Psychologie daher überhaupt sinnvoll? Unbedingt, denn diese Fachdisziplin gibt Dir jede Menge Orientierungswissen an die Hand, mit dem Du in der Lage sein wirst, auch die komplexesten Fälle in der Praxis zu lösen. Aus den Methoden und Maßnahmen wird dann fallabhängig eine stimmige Mischung erarbeitet, die hilft, die Ziele zu erreichen. In diesem Fall, das Mädchen stabiler in seinen schulischen Leistungen zu machen und wieder zum Lernen zu motivieren. Die Wissenschaft gibt Dir den Rahmen vor, doch was Du aus den Möglichkeiten der Erkenntnisse der Pädagogischen Psychologie machst, ist durchaus ein kreativer Prozess. Denn nur, wenn es Dir gelingt, im Einzelfall aus all den Konzepten eine stimmige Lösung zu finden, bist Du in der Praxis erfolgreich.

1.2 IM DSCHUNGEL DER BEGRIFFE: PÄDAGOGIK, PSYCHOLOGIE UND ERZIEHUNG

Wie Du bereits erfahren hast, kommen in der Pädagogischen Psychologie ZWEI DISZIPLINEN zusammen. Merke Dir daher:

Psychologie: Ist die Wissenschaft, bei der es um Verhalten und Erleben des Menschen geht.

Das klingt ähnlich, legt aber eine unterschiedliche Betrachtungsweise zugrunde. Bei der Pädagogik geht es um Veränderungen von Menschen in einem Kontext von Bildung und bei der Psychologie um die Voraussetzungen, die jeder Mensch für diese Prozesse mitbringt. Ein Psychologe sagt Dir, wie der Mensch ist, und der Pädagoge erzählt Dir, wie ein Mensch sein sollte und wie man ihn dazu bringt. Das kann durchaus zu Grabenkämpfen der beiden Disziplinen führen. So ist die Frage bei einem Jugendlichen häufig, ob es darum geht, seine Lernvoraussetzungen in Erfahrung zu bringen, oder ob das Lernziel, das erreicht werden muss und soll, das Ziel ist. In der Pädagogik, aber auch in der Pädagogischen Psychologie, sind außerdem Einschränkungen von Maßnahmen zu beachten, die aus dem Alter von Kindern und Jugendlichen resultieren. Forschung und Ausbildung konzentrieren sich in Pädagogik wie in Pädagogischer Psychologie meist auf junge Menschen, wobei auch immer mehr eine Ausweitung in andere Altersgruppen besteht, da "lebenslanges Lernen" stetig an Bedeutung gewinnt.

In diesem Zusammenhang spielt der Begriff der Erziehung eine wichtige Rolle, der als Bindeglied zwischen Pädagogik und Psychologie gelten kann. Erziehung ist dabei, grob gesagt, ein Oberbegriff für alle Handlungen, die versuchen, die psychische Disposition von Menschen dauerhaft zu verbessern, wertvolle Kompetenzen zu erhalten oder schlechte Anlagen zu verhüten. Damit handelt es sich bei Erziehung um einen dynamischen Prozess und nicht um ein statistisches Ergebnis. Erziehung ist:

- **effektbezogen:** Erziehung ist Handeln von Menschen gegenüber anderen Menschen, um bestimmte Ziele zu verwirklichen. Das bedeutet für den Erziehenden, gegenüber der zu erziehenden Person eine große Verantwortung zu haben. Erziehungsziele müssen daher gut überlegt sein und begründet werden.

- intentional: Die Absichten, die der Erziehende gegenüber der zu erziehenden Person hat, müssen offen kommuniziert und diskutiert werden. Wird das Gegenüber nicht aufgeklärt, handelt es sich um Machtausübung und letztendlich Manipulation.

- wertbezogen: Werte von Erziehenden sind meist Teil eines Wertesystems oder einer sogenannten Erziehungsideologie. Zeitepoche und Gesellschaft nehmen auf diese Ideologie einen direkten Einfluss.

- altersgruppenunabhängig: Die Konzentration auf Kinder und Jugendliche ist nicht mehr zeitgemäß. Erziehung heute ist unabhängig vom Alter.

- dauerhaft: Erziehungsziele werden so formuliert, dass sie eine dauerhafte Veränderung bewirken. Nicht alle Veränderungen werden während dieses Prozesses erreicht. Hier besteht ein direkter Zusammenhang zum Lernen, bei dem es auch um dauerhafte Veränderung in Verhalten und Wissen geht.

- normorientiert: Hiermit ist ein allgemeingültiger Maßstab bei erzieherischen Handlungen gemeint.

In der Pädagogischen Psychologie werden die psychologischen Hintergründe von erzieherischen Prozessen beleuchtet. Die zentralen Fragen dabei sind, inwieweit der Mensch durch Erziehung in Verhalten und Erleben beeinflusst werden kann, und wie ein Erziehungsverhalten gestaltet sein muss, damit es zur menschlichen Psyche passt. Die Pädagogische Psychologie nimmt daher einen direkten Einfluss auf den Menschen.

Dabei musst Du noch einmal zwei Begriffe im Detail voneinander unterscheiden. Die Erziehung als einen bewussten und planvollen Prozess der Einflussnahme auf einen Menschen, um Veränderungen zu reichen, sowie die Sozialisation. Bei der Sozialisation handelt es sich um indirekte Prozesse, die nicht bewusst begonnen werden, aber ebenfalls langfristige Veränderungen zur Folge haben. Eine Sozialisation ist daher als das Hineinwachsen in eine gesellschaftliche Rolle sowie die Auseinandersetzung mit dem Umfeld im Alltag zu verstehen.

Menschen lernen und verändern sich in unzähligen, teilweise sehr vielschichtigen Kontexten. Gelernt wird daher nicht nur in den Institutionen wie Schule, Kindergarten oder Einrichtungen der Erwachsenenbildung. In der pädagogischen Psychologie werden daher

- der lernende Mensch mit seinen Veränderungsprozessen,

- die Bildungsinstitutionen,

- natürliche Umgebung und Alltag außerhalb des Bildungswesens

- der Wissensvermittlung dienende Medien

- lehrende und erziehende Personen sowie

zum Gegenstand der wissenschaftlichen Forschung.

Heute läuft die Pädagogische Psychologie als eine Untergruppe innerhalb der Psychologie. Dabei liegen die historischen Wurzeln ebenfalls in der Pädagogik und der Psychologie. Erste Ansätze finden sich bereits bei Comenius, dem Bildungsforscher des 17. Jahrhunderts, der von 1592 bis 1670 lebte. In seinen Werken forderte er, Unterrichtsweisen zu entwickeln, bei denen Lehrer weniger lehren und Schüler mehr lernen. Die Schule sollte zum Ort der Freiheit, des Vergnügens und des echten Fortschritts werden. Themen, die bis heute in der Bildungsdebatte aktuell sind. Auch nach Comenius haben sich viele große Gelehrte und Philosophen Gedanken über das Bildungswesen gemacht. Die Ideen von Jean Jacques Rousseau (1712-1778) oder Johann Heinrich Pestalozzi (1746-1827) und Friedrich Fröbel (1782-1852) wurden sowohl von der modernen Erziehungswissenschaft als auch von der Pädagogischen Psychologie aufgegriffen.

Im 19. Jahrhundert waren Ansätze der pädagogischen Psychologie eng mit der Lehrerausbildung verknüpft. In Preußen ordnete das Schulministerium an, dass die Lehramtskandidaten auch über Kenntnisse in Philosophie und Psychologie verfügen. 1899 wurde der Begriff Pädagogische Psychologie zum ersten Mal in einer Fachzeitschrift verwendet. Besonders interessant ist die Kooperation von Ernst Meumann und Wilhelm August Lay, die um das Jahr 1905 startete. Meumann, der einen Lehrstuhl in Hamburg innehatte, war davon überzeugt, durch die systematische Anwendung von empirischen und experimentellen Forschungsergebnissen das Erziehungs- und Ausbildungswesen nachhaltig verbessern zu können. Lay prägte den Begriff "experimentelle Didaktik". Zusammen mit Meumann gab er ab 1905 die Zeitschrift "Experimentelle Pädagogik" heraus. Es war nicht ungewöhnlich, dass sich führende Persönlichkeiten dieser neuen Fachrichtung sowohl als Philosophen als auch gleichzeitig als Pädagogen und Psychologen bezeichneten.

Bis zum Ersten Weltkrieg hatte sich die Pädagogische Psychologie bereits hervorragend an den Universitäten etabliert. Weltweit gab es im Jahr 1917 26 Institute. Bereits in den Anfangsjahren beschränkte sich der Forschungsbereich nicht nur auf schulische Fragestellungen. Es ging viel eher um allgemeine Entwicklungsprozesse sowie die psychische Gesundheit von Kindern und Jugendlichen. Ab den 1920er Jahren kamen zahlreiche neue Strömungen in der Psychologie auf, von denen Behaviorismus und Psychoanalyse die bekanntesten darstellen. Das machte die Forschungslandschaft unglaublich vielfältig und sorgte gleichzeitig für ein Auseinanderdriften von Psychologie und Pädagogik. Die beiden Felder näherten sich erst nach dem Zweiten Weltkrieg wieder einander an. Auslöser war die Abkehr vom Behaviorismus und die sogenannte "kognitive Wende". Indem auch in den Bereichen Bildung und Erziehung intrapsychische Prozesse in den Vordergrund rückten, konnten neue und zunehmend sachliche Theorien in der Pädagogischen Psychologie entstehen. Auch wurden die Themen praxisbezogener und mehr auf das Individuum bezogen. Den vorerst letzten großen Impuls erhielt die Pädagogische Psychologie ab den 1990er Jahren. Als ein Beispiel unter vielen ist PISA zu nennen. Seitdem sind die Forschungserkenntnisse aus dieser Disziplin immer relevanter, um Lern- und Lehrprozesse in Bildungseinrichtungen für alle Altersgruppen zu gestalten.

Die Pädagogische Psychologie verfügt über einen Zugang zu vielen Forschungsmethoden. Grundsätzlich lässt sich festhalten, dass sowohl Methoden der Psychologie als auch der Pädagogik angewendet werden. Ziel der Forschungsarbeit ist es, Aussagen und Theorien zu einem bestimmten Thema zu ermöglichen. Diese gelten nur dann als wissenschaftlich, wenn es sich nicht um subjektive Meinungen und Alltagserfahrungen handelt. Besonders interessant in diesem Zusammenhang sind empirische Forschungsmethoden, da sie garantieren, dass alle am Prozess beteiligten Wissenschaftler die Ergebnisse und den Weg dorthin komplett nachvollziehen können. Merke Dir hierzu:

- Forschungsmethode: Systematische und planmäßige Versuche, wissenschaftliche Erkenntnisse zu gewinnen.

- Methodisch: Überlegtes, zielgerichtetes und systematisches Vorgehen.

Du darfst Dir die Forschungsarbeit jedoch nicht als trockenes Vorgehen vorstellen, welches starr an einen Plan gebunden ist. Denn jede Methode muss immer der jeweiligen Fragestellung, den Bedingungen und dem Ziel der Untersuchung angepasst werden. Auch während der Forschung ist es wichtig, den Prozess immer wieder neu zu bewerten und die gewählten Methoden infrage zu stellen. Wenn Du Dich für ein Studium der pädagogischen Psychologie entscheidest, gehören die Kenntnisse um die Forschungsmethoden und ihre Anwendungen zu den Schlüsselqualifikationen. Schon im Bachelorstudiengang nimmt die Vermittlung dieser Kenntnisse rund 25 % des Lehrplanes ein. Wahrscheinlich fragst Du Dich am Anfang des Studiums, warum Du so tief in die Materie einsteigen musst. Das liegt zum einen am Fachgebiet selbst, aber auch an den Ansprüchen, die wissenschaftliches Arbeiten stellt. Schließlich überrascht die pädagogische Psychologie mit sehr vielfältigen Fragestellungen, was entsprechende Methoden der Beantwortung braucht. Außerdem hast Du es mit einem Fachgebiet zu tun, in dem Du Erleben, Verhalten oder Handeln nicht immer direkt beobachten kannst und daher Werkzeuge brauchst, um Zusammenhänge zu erschließen. Typische Beispiele wären etwa Intelligenz oder Gedächtnisleistung.

Es geht in diesem Fachgebiet allerdings nicht nur um Zahlen. Um Motive, Gründe und Bedürfnisse von Menschen herauszufinden und zu verstehen, braucht es auch qualitative Methoden. Immer dann, wenn es um die Frage nach dem "Warum?" geht, werden Methoden wie Gruppendiskussionen, Tiefeninterviews oder auch Fokus-Gruppen eingesetzt. Durch Nacherleben, Hineinversetzen und Nachbilden wird eine ganzheitliche Untersuchung der Motive von untersuchten Gruppen gewährleistet. Denn die meisten Menschen haben die Angewohnheit, ihr Verhalten deutlich rationaler zu erleben und auch zu beschreiben, als es tatsächlich ist. Techniken müssen daher so gewählt werden, dass nicht nur reflektierte Überlegungen geliefert werden, die nach Meinung der untersuchten Menschen von den Wissenschaftlern "erwartet" werden. Um zur wahren Motivation durchzudringen, werden daher Techniken wie Assoziationsverfahren, Collage, Satzergänzungen als projektive Technik, Rollenspiele, Stegreiferzählen und szenisches Arbeiten eingesetzt. Um belastbare Ergebnisse zu erhalten, müssen vorab die Interviews und Abläufe der eingesetzten Techniken strukturiert aufgebaut werden. Wichtig ist nicht nur die Diskussion mit einer Gruppe selbst, sondern auch der Aufbau und Ablauf. Das Ziel ist, von offenen und unstrukturiert wiedergegebenen Wahrnehmungen im Alltag zu geführten Aussagen zu kommen.

Auch bei rein pädagogischen Fragestellungen, wie beispielsweise dem Unterschied in der Qualität der Mitarbeit in gleichgeschlechtlichen und gemischten Schulklassen, sind empirische Forschungsmethoden von großer Bedeutung. Die Forschung fokussiert sich darauf, durch Aussagen Theorien aufzustellen, die mit den Prozessen der Erziehung und der Sozialisation verbunden sind. Zusammenfassend lässt sich sagen:

- Methodisches Arbeiten ist immer zielgerichtet, überlegt, systematisch und mitteilbar.

- Methoden folgen zwar einem gewissen Aufbau, doch der Ablauf ist nicht statisch.

- Methoden sind adaptiv, was bedeutet, dass sie immer wieder den Bedingungen angepasst werden und die einzelnen Handlungsschritte neu abgestimmt werden müssen.

- Methoden sind außerdem regulativ und müssen immer wieder neu bewertet werden.

- Methoden sind darüber hinaus reflexiv, denn sie müssen immer wieder infrage gestellt werden.

2.1 EINFÜHRUNG IN DEN EMPIRISMUS

In der klassischen Wissenschaft geht es darum, eine Beziehung zwischen Ursache und Wirkung zu erkunden, damit beobachtete Phänomene erklärt werden können. Demnach besteht Wissenschaft aus den DREI BEREICHEN:

- **Theorie:** Beschreibung, Modell und Erklärung

- **Empirie:** Beobachtungen und Tatsachen

- **Kommunikation:** nicht-subjektive Überprüfung

Das ermöglicht zwei verschiedene wissenschaftliche Vorgehensweisen. Empiriker tragen verschiedene Einzelbeobachtungen zusammen, damit eine Beziehung zwischen den einzelnen Informationen erkannt werden kann. Empiriker nehmen diese Beziehungen nicht vorweg. Theoretiker haben bereits ein festes Bezugssystem, aus dem sie während ihrer Forschungen das weitere Vorgehen ableiten – das ist häufig bei ökonomischen Untersuchungen der Fall. Je nach Standpunkt wird nicht nur die Theorie unterschiedlich gewichtet, sondern es kommt auch zu einer unterschiedlichen Behandlung von Daten, die aus Beobachtungen gewonnen werden.

Empiriker gehen induktiv vor. Das bedeutet, sie formulieren Gesetzmäßigkeiten, mit denen Fakten beschrieben werden, aus den vorliegenden Fakten. Theoretiker gehen deduktiv vor. Sie haben eine Annahme und suchen nach einer Evidenz, einem Beweis, der diese Annahme bekräftigen soll. In der wissenschaftlichen Praxis entsteht eine Theorie meist aus den beiden Methoden. Oder anders ausgedrückt: Eine wissenschaftliche Theorie gibt Dir den Rahmen vor, in dem sich Deine empirischen Untersuchungen bewegen. Wenn keine empirische

Überprüfung erfolgt, bleiben auch die Theorien ohne Substanz. Gleichzeitig kannst Du auch keine Untersuchung ohne einen theoretischen Rahmen machen, da sonst Deine Ergebnisse keinen Kontext haben.

Es gibt ZWEI FORMEN, mit denen Du eine EMPIRISCHE FORSCHUNG durchführen kannst:

- **Scheinwerfertheorie:** Am Anfang werden Hypothesen gebildet, die im Anschluss durch empirische Forschung und Experimente auf den Wahrheitsgehalt hin geprüft werden. Das bedeutet, Du untersuchst das, was ist, wie Du es mit einem Scheinwerfer tun würdest.

- **Kübeltheorie:** Du sammelst in einem imaginären Kübel empirische Daten und Fakten. Erst nach Anhäufung aller Fakten geht es an die Bildung einer Hypothese, die direkt von den gemachten Beobachtungen abhängt.

Das Vorgehen nach der Kübeltheorie wird wissenschaftlich sehr kritisch betrachtet. Doch auch bei einem Verfahren nach der Scheinwerfertheorie gibt es Gefahren, die umschifft werden müssen. Denn das, was sichtbar wird, hängt bei einem Scheinwerfer von der Leistung, den Einstellungen und dem Ziel der Beleuchtung ab. Eine Theorie muss daher genau wie der Scheinwerfer darauf ausgerichtet werden, einzelne Mosaiksteine zu einem strukturierten ganzen Bild zu verknüpfen. Eine Theorie braucht daher:

1. Hypothetische Konstrukte	2. Hypothesen	3. Variablen und Gesetze
	explikativ und deskriptiv	abhängig, unabhängig, aber auch interveniere

HYPOTHETISCHE KONSTRUKTE, VARIABLEN UND MODELLE

Wichtig ist in diesem Zusammenhang, einige Begriffe näher zu beleuchten. Es gibt Prozesse, die sich einer direkten Beobachtung entziehen. Bemerkt werden jeweils nur die Wirkung der Prozesse. Wenn die Wirkung und die Impulse für diese Prozesse bekannt sind, und mit weiteren Gesetzen und Erkenntnissen zu diesem Themenbereich in Bezug gesetzt werden, sind Rückschlüsse auf das Nicht-Sichtbare möglich. Die Verbindung dieser Annahmen mit den durch Theorien bereits vorhandenen Kenntnissen erfolgt durch Hypothesen. Eine Hypothese leitet sich entweder aus Theorien oder Fakten ab und ist ein Rückschluss auf die Beziehung von wahrnehmbaren und nicht wahrnehmbaren Prozessen, Interaktionen und sonstigen Faktoren. Eine Hypothese kann explikativ, das heißt, erklärend sein. Dann stellt sie eine Voraussage dar, dass ein bestimmtes Phänomen zusammen mit anderen Phänomenen als eine Begleiterscheinung auftritt und dass ein Zusammenhang besteht. Oder eine Hypothese ist deskriptiv, beschreibend, und sagt aus, dass sich ein spezifisches Phänomen mit anderen Phänomenen auf dem gleichen abstrakten Niveau befindet. Eine Hypothese hat einen größeren Geltungsbereich als ein hypothetisches Konstrukt. Aber erst die Konstrukte helfen in der Forschung dabei, genaue Definitionen zu entwickeln und die Abhängigkeit von anderen Faktoren herauszuarbeiten. Diese Faktoren werden auch als Variablen bezeichnet.

Bei Variablen handelt es sich um veränderliche Größen, die Du nutzen kannst, um Phänomene zu beschreiben oder zu erklären. Unabhängige Variablen können in einem Experiment manipuliert werden, um Auswirkungen auf andere, abhängige Variablen zu untersuchen. Das bedeutet, Du stellst in der Wirkung die Veränderungen fest und kannst

Rückschlüsse auf den gesamten Prozess ziehen. Sobald Du die Beziehung aller Faktoren untereinander ausreichend untersucht hast, kannst Du exakte Voraussagen zum Ablauf von Ereignissen oder von Verhaltensweisen treffen. Zu diesem Zeitpunkt bist Du in der Lage, mit intervenierenden Variablen zu arbeiten: Du kannst Prozesse recht genau bestimmen, auch wenn sie von Dir selbst nicht beobachtet werden können. Jetzt bist Du bereits auf der Ebene wissenschaftlicher Gesetze angekommen. Diese Gesetze beziehen sich auf den Zusammenhang von Ereignissen oder sie sind allgemeiner formuliert und beziehen sich auf bestimmte Gruppen von Ereignissen. Damit wird Dein Spielraum größer, denn die Gesetze beschränken sich nicht mehr nur auf Vorgänge allein. Als Nächstes kommt es jedoch auf die Sprache an, denn die spielt eine entscheidende Rolle, wenn Du einen Begriff aus Deinen Beobachtungen heraus definieren musst.

In diesem Zusammenhang ist der Begriff der operationalen Definition wichtig. Damit ist es Dir möglich, Theorien wissenschaftlich korrekt zu formulieren. Eine exakte Definition garantiert nicht, dass eine Theorie ohne Fehler oder überhaupt gültig ist. Aber indem Du Dich an Standards der Formulierung hältst, ist es möglich, Forschungsergebnisse zu kommunizieren, zu vergleichen und zu überprüfen. Eine große Herausforderung, die in der Pädagogischen Psychologie genau wie in den anderen Sozialwissenschaften auftritt, ist die Vielfalt von Definitionen für einen bestimmten Terminus. Das kann im Forschungsalltag zu ganz konkreten Problemen führen: Die aktuelle Ursache für ein bestimmtes Verhalten wird dann auf ein Ereignis in der Zukunft transferiert. Es entsteht dann eine Analogie, mit der versucht wird, einen Zusammenhang herzustellen. Das kann manchmal sinnvoll sein, aber Deine Aufgabe ist es dann, diesen konstruierten Zusammenhang klar zu kennzeichnen.

Während einer Forschungsarbeit kommst Du an den Punkt, an dem Du aus Konstrukten, Analogien und Hypothesen eine Art Ordnungsschema entwickeln musst. Es entsteht ein Modell. Ein wissenschaftliches Modell besteht aus einer Reihe von Annahmen und Vermutungen. Es wird so lange angepasst, bis sich daraus Gesetzmäßigkeiten ableiten lassen können. Mit einem Modell lässt sich menschliches Verhalten bereits sehr gut erklären, wobei Du nicht vergessen solltest, dass es sich um ein "als ob" handelt. Das bedeutet, Du triffst Aussagen darüber, was unter welchen Voraussetzungen wahrscheinlich passieren wird. Es muss allerdings nicht so eintreffen. Das heißt, es geht um eine mathematische Wahrscheinlichkeit, aber nicht um eine endgültige Gewissheit. Diese Aussagen werden dann als statistische Gesetze bezeichnet. Wichtig dabei: Diese Gesetze müssen Wahrheiten enthalten, wobei es unwesentlich ist, ob die Wahrheit durch Deine Beobachtungen oder durch Rückschlüsse gewonnen wurden.

EXKURS VOM MODELL ZUR THEORIE

Damit aus all den Beobachtungen, Hypothesen und Modellen eine Theorie wird, musst Du praktische Anforderungen erfüllen.

- **Umfang:** Eine Theorie muss in der Lage sein, dass sich in ihr bereits vorliegende, aber auch zukünftige Daten ohne Widersprüche verarbeiten lassen können.

- **Ökonomie:** Je weniger angenommene Voraussetzungen benötigt werden, um eine Voraussage zu treffen, desto zweckmäßiger ist eine Theorie. Deine Theorie darf nicht umfangreicher sein als die Phänomene, die Du erklären möchtest.

- Überprüfbarkeit: Andere Wissenschaftler müssen die Möglichkeit haben, die Theorie nachzuvollziehen und überprüfen zu können.

- Originalität: Eine Theorie ist keine Beschreibung von Fakten, die bereits bekannt sind. Sie darf keine bereits bekannten Erkenntnisse einfach nur wiederholen.

- Flexibilität: Es muss möglich sein, in eine Theorie neue Informationen zu integrieren.

- Intersubjektivität: Die Theorie muss für alle Menschen beobachtbar sein, sie ist wiederholbar und die Schlussfolgerungen sind nachvollziehbar. Das bedeutet, sie folgt in ihrer Argumentation den Regeln der Logik.

Wie sieht das konkret aus? Wie Du weißt, gibt es einige Menschen, die eine Existenz von Außerirdischen und Ufos in Berichten dokumentiert haben. Wenn Du das grundsätzlich als glaubwürdig einstufst, handelt es sich um Beobachtungen, eventuell sogar um Tatsachen. Dazu wurden auch Theorien aufgestellt. Ufos sind demnach außerirdische Fluggeräte, die den intergalaktischen Verkehr ermöglichen. Einige Menschen sehen diese Theorie durch ihre Beobachtungen bestätigt. Es ist allerdings bislang nicht gelungen, diese Theorie auf einer intersubjektiven Ebene zu beweisen. Es gibt die Beobachtungen, aber es fehlen konkrete Auswirkungen, wie Wrackteile von Ufos oder Aufzeichnungen von Flugbahnen oder Satellitenfotos. Zudem ist es nicht die einzige Theorie, die zu Ufos existiert. Manche Wissenschaftler erklären Ufos als psychologische Phänomene, die aus Projektionen, Halluzinationen oder Wahrnehmungsstörungen resultieren.

 EXPERTENMEINUNGEN ODER STATISTISCHE DATEN?

In der empirischen Forschung hat sich gezeigt, dass Prognosen, die auf statistischen Daten beruhen, besser sind als das Urteil eines Experten. Nimm einmal an, dass Statistiker herausgefunden haben, Verhalten X tritt dann auf, wenn die Merkmale A, B und C in gleich starker Form gegeben sind. Gleichzeitig diskutieren mehrere Experten, ob die Teilnehmer einer Gruppe das Verhalten X zeigen werden. Die Wahrscheinlichkeit, dass die mathematische Berechnung zutrifft, ist höher als die Vorhersage der Experten. Zum Beispiel lässt sich durch einen standardisierten Intelligenztest besser vorhersagen, ob ein Bewerber für den Beruf geeignet ist als die Beobachtungen eines Personalers, der seinen Job schon seit zwanzig Jahren macht. Du kannst ebenfalls mit einem Persönlichkeitstest besser vorhersagen, ob ein Straftäter wieder rückfällig wird, als dass ein forensischer Psychiater in der Lage ist, dies zu leisten.

Merke Dir daher: Wenn Tests, Fragebögen oder andere standardisierte Verfahren eingesetzt werden, sind die Prognosen grundsätzlich immer effektiver als die Meinung eines Experten!

2.2 DIE GRUNDLAGEN EMPIRISCHER FORSCHUNGEN IN DER PÄDAGOGISCHEN PSYCHOLOGIE

Es gibt drei Grundlagen, auf denen empirische Forschungen basieren:

- Entstehungszusammenhang

- Begründungszusammenhang

- Verwertungszusammenhang

Der Entstehungszusammenhang ist der Anlass für ein Forschungsprojekt. Das kann ein Problem sein, zu dem bereits Untersuchungen vorliegen, aber vorhandene Theorien bieten unterschiedliche Erklärungen. Auch Studien, die zu verschiedenen Ergebnissen kommen, können ein Anlass für ein Forschungsprojekt sein. Ein weiterer Impuls kann die Untersuchung von Problemen sein, um durch die Analyse aller Faktoren Veränderungen zu ermöglichen.

Die Schritte, die unternommen werden, um ein Problem zu lösen, werden als Begründungszusammenhang bezeichnet. Zunächst wird überprüft, welche Untersuchungen, Theorien und Hypothesen zu einem Problem bereits vorliegen. Dann wird entschieden, welche Bereiche des Problems detailliert untersucht werden und aus den vorliegenden Materialien eine Hypothese formuliert. Im nächsten Schritt werden die Methoden bestimmt, mit denen Daten erhoben werden. Nach Erhebung der Daten und der Analyse erfolgt eine Interpretation der Ergebnisse. Der Verwertungszusammenhang beschreibt, wie die Effekte einer Forschungsarbeit auf soziale Strukturen wie eine Gesellschaft oder eine bestimmte Gruppe verstanden werden sollen. Darunter fällt auch eine für Laien verständliche Darstellung der Ergebnisse.

Wichtig ist, dass bei einer Studie immer der theoretische Teil klar formuliert ist, damit das Gesamtkonzept kontrolliert werden kann. Die Fragestellung einer Studie wird entweder von einem Forscher frei gewählt oder sie ergibt sich aus einem konkreten Problem heraus. Oft sind es Lücken in bestehenden Theorien oder die Wahrnehmung bestimmter sozialer Probleme, die den Impuls für eine Studie geben. Typische Themen sind:

- Ungleiche Bildungschancen bei Migranten
- Rechtsradikalismus in Schule und Ausbildung
- Rollenkonflikte im Elternhaus
- Diskriminierung aufgrund von Herkunft oder sozialer Schicht

Doch wie sieht ein Forschungsprojekt im Detail aus? Grundsätzlich besteht es aus **fünf Phasen**:

1. Phase – Theoretische Vorbereitungen: Mit Begriffen wird der Forschungsbereich vorab strukturiert und es werden die zentralen Forschungsfragen gestellt.

2. Phase – Entwurf des Forschungsplanes und der verwendeten Instrumente: Es erfolgt die Anordnung der Untersuchung, es werden Instrumente und Auswertungstechniken bestimmt, zentrale Begriffe festgelegt und Stichproben bestimmt.

3. Phase – Durchführung: Datenmaterial wird gesammelt

4. Phase – Analyse: Daten werden aufbereitet und analysiert, es wird der Versuch unternommen, die wichtigsten Forschungsfragen zu beantworten.

5. Phase – Schlussfolgerung: Die gewonnenen Aussagen werden einem Geltungsbereich zugeordnet, es wird ein Zusammenhang mit bestehenden Theorien hergestellt und gegebenenfalls eine Verallgemeinerung getroffen.

Den Anstoß für eine wissenschaftliche Untersuchung gibt meist eine konkrete Not in der Praxis, ein Wunsch nach Verbesserung, aber auch ein Erfolg oder Misserfolg in einer vorausgehenden Studie. Jeder Umstand wirft ganz besondere Fragestellungen auf. In einer empirischen Untersuchung wird das Problem zunächst formuliert und daraus eine

Aufgabe abgeleitet. Alle Fragen werden nach ihrer Wichtigkeit geordnet und dadurch das Ziel klar ins Auge gefasst. Im nächsten Schritt werden Beobachtungen gesammelt, die eventuell zur Lösung der Fragestellung beitragen. Es erfolgt eine Suche nach Quellen, Experten und Verweisen in der Literatur. Aus den Notizen und Aufzeichnungen ergeben sich erste Vermutungen, Hypothesen und Einschätzungen. In ersten Arbeitshypothesen werden Ergebnisse grob überschlagen. Diese werden anhand der Hypothesen überprüft und es wird eine erste Stichprobe durchgeführt. Häufig muss nach diesem Vorversuch wieder an den Anfang zurückgekehrt und die Untersuchungsmethode angepasst werden. Es kann sein, dass dieser Schritt mehrfach wiederholt werden muss. Wenn es zu logischen Ergebnissen kommt, die zu einer Bestätigung der Hypothese durch die Stichprobe führen, wird das Verfahren generalisiert. Das Ergebnis wird am Ende als Gesetz, als allgemeines Prinzip, festgelegt. Die Ergebnisse einer Studie werden veröffentlicht und für die Praxis zugänglich gemacht.

Wenn Du forschen willst, brauchst Du nicht nur ein Thema, sondern auch einen Fahrplan, wie Dein Projekt richtig realisiert wird:

Am Anfang stehen Vorüberlegungen und erste Entscheidungen:

- Aus Alltagserfahrungen und konkreten Ereignissen ergibt sich ein Problem.

- Du entwickelst eine erste Fragestellung.

- Du triffst eine erste Entscheidung und konzipierst eine empirische Untersuchung.

- Du kümmerst Dich um einen Arbeits- und Zeitplan.

- Du suchst nach Finanzierungsmöglichkeiten.

Im nächsten Schritt geht es an die konkrete Projektierung:

- Es wird eine genaue Problematik und eine An- und Einordnung des Problems erstellt.

- Wissenschaftliche Vorerfahrungen zum Thema werden geklärt.

- Es erfolgt eine Sichtung der für die Fragestellung relevanten Literatur.

- Du klärst Begriffe und Definitionen ab und triffst eine Sprachregelung.

- Du präzisierst noch einmal Deine grundlegende Fragestellung mit wissenschaftlicher Sprache.

- Du überlegst, welche Bedeutung die Ergebnisse haben könnten, die Du erzielst, und

überprüfst noch einmal, ob Du
die Studie durchführen willst.
Du hast Dich entschieden, das Projekt durchzuführen. Jetzt geht es an
das Aufstellen von Hypothesen:

- Du entwickelst Hypothesen aus Deinen Fragestellungen.

- Du konstruierst alternative Hypothesen.

- Du stellst aufgrund der Hypothesen einen Fragenkatalog mit Einzelfragen auf.

- Du legst fest, zu welchem Zeitpunkt der Datenerhebung oder der Verarbeitung Deiner Daten eine einzelne Hypothese als bestätigt gilt oder verworfen wird.

Jetzt planst Du das Vorgehen. Dieser Schritt wird Operationalisierung genannt:

- Du legst Methoden und Indikatoren fest.

- Du entscheidest Dich für Verfahren und Instrumente, mit denen Du die Forschung durchführst.

- Du bestimmst die Personengruppe für die Untersuchung und für die Stichprobe.

- Du überprüfst, welche finanziellen, personellen und zeitlichen Möglichkeiten Du hast.

- Du triffst eine endgültige Entscheidung, ob das Forschungsvorhaben durchgeführt wird.

Nun geht es darum, wie Du die Erhebung Deiner Daten planst:

- Du wählst die Instrumente aus, mit denen Deine Daten erhoben werden.

Eventuell müssen neue Instrumente entwickelt werden.

- Du überprüfst alle Instrumente.

- Du überprüfst, ob die ausgewählten Instrumente zu den für die Studie ausgewählten methodischen Prinzipien passen.

- Du stellst Untersuchungsmaterialien zusammen.

- Du gibst an Mitarbeitende genaue Anweisung, wie Daten registriert und die Untersuchungen protokolliert werden müssen.

- Du entscheidest, wann Deine Feldforschung beginnen soll und wie lange die Untersuchungen dauern sollen.

Als nächster Schritt folgt die Datenerhebung:

- Du führst Befragungen durch.

- Du kontrollierst, ob alle Daten korrekt eingehen.

- Du gleichst ab, ob aus der gewählten Personengruppe genügend Daten erhoben werden.

- Du entscheidest, ob die Datenerhebung laut Plan erfolgreich war, und entscheidest Dich entweder für den Abschluss der Datenerhebung oder Du sammelst weitere Daten.

Wenn Du genug Materialien gesammelt hast, geht es an die Datenverarbeitung:

- Du prüfst alle Materialien auf Vollständigkeit und nimmst eine Vorsortierung vor.

- Du schaffst Dir durch die Auszählungen einen Gesamtüberblick.

- Du berechnest für das Problem relevante Werte, wie Verteilungen, Mittelwerte, Streuungsmaße.

- Du stellst Deine Daten in Zusammenhang mit Deinen Hypothesen.

- Du ordnest Deine Ergebnisse bestimmten Hypothesen und Statistiken zu.

- Du überprüfst Deine Resultate auf Signifikanz.

Die eigentliche Auswertung Deiner Daten umfasst die folgenden Punkte:

- Du stellst die Ergebnisse aus der Überprüfung Deiner Hypothesen zusammen.

- Die Ergebnisse werden in Bezug auf die zugrunde liegenden Fragestellungen bewertet.

- Du interpretierst die Ergebnisse anhand der Ausgangsfrage.

- Du vergleichst Deine Ergebnisse mit der Fachliteratur.

- Du arbeitest Übereinstimmungen und Widersprüche mit der aktuellen Forschungslage heraus.

- Du überprüfst, welche Fragen trotz Deiner Forschungen noch unbeantwortet geblieben sind und entwickelst unter Umständen eine Nachuntersuchung.

Am Ende geht es darum, die Ergebnisse Deiner Arbeit richtig darzustellen. Dazu gehört:

- Die Problemstellung und Deine Hypothesen zu erklären.

- Zu erläutern, wie der Erkenntnisstand in Literatur und Forschung zu Beginn Deiner Untersuchungen war.

- Ein detaillierter Bericht über die Projektierung, die Durchführung Deiner Untersuchungen und Art und Verarbeitung der erhobenen Daten.

- Übersicht zu Datenmaterial und die Verarbeitung in Bezug zu Deinen Hypothesen.

- Nutzen von Tabellen und grafischen Darstellungen.

- Formulieren Deiner Untersuchungsergebnisse.

- Interpretation der Ergebnisse und Vergleich mit der Literatur.

- Zusammenfassung der Ergebnisse.

- Reflexion über die Beantwortung Deiner Ausgangsfrage.

- Erfahrungen, die mit Inhalten und Methoden gemacht wurden.

- Erläuterung, ob Nachfolgeuntersuchungen notwendig sind.

- Anhang mit Materialien und Quellen.

Manchmal werden Forschungsergebnisse in der Pädagogischen Psychologie als trivial dargestellt. Denn sie werden meist als normale Reaktion auf bereits bestehende pädagogische Theorien gesehen. Dabei lässt es sich in Experimenten ganz klar belegen, dass genau das nicht zutrifft. Erst seitdem sich bestimmte Areale des Gehirns durch verschiedene bildgebende Verfahren abbilden lassen, ist es möglich, die Zusammenhänge zwischen verschiedenen Tätigkeiten wie dem Ausrechnen von Aufgaben aus dem kleinen 1×1 und Textaufgaben zu erfassen. Empirische Methoden haben damit eine große Reichweite. Es kommt jedoch immer darauf an, welche Methoden gewählt werden und welche zur Verfügung stehen.

BEOBACHTUNGEN

Die Beobachtung ist das Herzstück der Datenerhebung bei empirischen Forschungsmethoden. Es kann sich dabei um visuelle oder auditive Beobachtungen, beziehungsweise um eine Kombination handeln. Beobachtet werden soziale und interaktive Prozesse sowie bestimmte Handlungsabläufe. Beobachtungen lassen sich in bestimmte Kategorien einteilen wie Grad der Strukturierung, Teilnahme oder Nicht-Teilnahme, offen oder verdeckt. Im Gegensatz zu Beobachtungen, die im täglichen Leben gemacht werden, sind wissenschaftliche Beobachtungen ebenso objektiv wie systematisch. Sie sind eine Möglichkeit, ohne direkten Zugang zu untersuchten Personengruppen oder Phänomenen Daten zu erhalten. Bei einer wissenschaftlichen Beobachtung fokussierst Du Dich auf bestimmte Formen des Verhaltens, der Handlungen oder der Interaktionen in einer Gruppe. Das wird als overte oder manifeste Phänomene bezeichnet. Eine große Rolle für den Erfolg von Beobachtungen beruht auf Deiner Wahrnehmung. Das heißt, Du musst exakt nachvollziehen können, wie Vorgänge, Ereignisse und Verhaltensweisen im Kontext einer bestimmten Situation auftreten. Ziel ist es, Deinen Forschungsgegenstand unmittelbar und direkt zum Zeitpunkt des Geschehens zu erfassen. Du hast mit der Beobachtung eine Methode zur Verfügung, die eindeutig beschreibbar ist und die eine soziale Wirklichkeit innerhalb Deiner Forschungsfrage abbildet.

Bei Beobachtungen musst Du zwischen künstlich hergestellten Situationen, wie Gruppendiskussionen, die analysiert werden, und solchen, die sich aus einem natürlichen Verlauf ergeben, unterscheiden. Wenn Du das Gangverhalten von Jugendlichen einfach in seinem normalen Ablauf wahrnimmst, ist das beispielsweise eine Beobachtung, die nicht exakt für Deinen Forschungszweck geplant war. Außerdem kannst Du Beobachtungen anhand der Standards der Protokollierung unterscheiden. So gibt es experimentelle Settings, aber auch natürliche Situationen in Klassenräumen oder Jugendzentren.

Bei der Aufzeichnung von Beobachtungen kommen bestimmte Codes zum Einsatz, die sehr speziell und detailliert sind. In einer Gruppendiskussion erfasst Du, wie häufig, wie lange und in welcher Art sich die Teilnehmer zu Wort melden. Vor Deiner Studie musst Du daher festlegen, welche Parameter für Dein Forschungsvorhaben wichtig sind. Es geht also um eine Kategorisierung. Außerdem musst Du bei Deinen Erhebungen beachten, ob Du nur einzelne Handlungen der Teilnehmer berücksichtigst oder ob es Dir darum geht, das Verhalten oder Handeln mit einem zugrunde liegenden Bewertungsschema einzuordnen. Entscheidest Du Dich für ein Bewertungsschema, musst Du im Vorfeld festlegen, ob Du Dich nur auf bestimmte Aspekte wie Eigenschaften oder Verhaltensweisen konzentrierst oder ob es Dir darum geht, alle Verhaltensweisen zu klassifizieren. Ein sehr bekanntes und heute noch gebrauchtes Bewertungsschema wurde 1951 von Bales[1] veröffentlicht.

---

[1] Bales, R. F. (1951): Interaction Process Analysis, Chicago: Chicago University Press

Manchmal besteht die Gefahr, eine Beobachtung vorab so detailliert zu formulieren, dass der Anspruch besteht, wirklich alle Details beobachten zu wollen. Das kann nicht funktionieren, weshalb Du Dich immer auf den oder die wichtigsten Punkte fokussieren solltest. Fertige daher zuerst immer schriftliche Protokolle oder Tonaufnahmen Deiner Beobachtungen an, die Du im Laufe Deiner Untersuchung auf die Fragestellung hin sortierst. Außerdem ist die Art Deiner Einbindung wichtig. Bei einer nicht-teilnehmenden Beobachtung bist Du selbst nicht im Beobachtungsfeld aktiv, was zum Beispiel im natürlichen Setting der Jugendgang der Fall wäre. Manchmal ist es Dir hingegen möglich, in einem Untersuchungsfeld eine teilnehmende Beobachtung durchzuführen. Abgeklärt werden muss zudem – das ist eher eine moralische Frage – ob die Beobachtung mit dem Wissen der jeweiligen Personen und deren Zustimmung erfolgt oder ob es sich um eine verdeckte Beobachtung handeln soll. Typische Fragestellungen, aus denen sich Beobachtungen ergeben, sind Analysen von sozialen Gruppen oder bestimmten Situationen.

EIN TYPISCHER FALL FÜR EINE BEOBACHTUNG:

Im Kindergarten fällt auf, dass die Sprachentwicklung einer Fünfjährigen weit hinter der ihrer Altersgenossen liegt. Sie benutzt teilweise noch Babysprache und ist außerdem nicht in der Lage, alle Arbeitsanweisungen zu verstehen. In der Interaktion mit den anderen Kindern wird schnell deutlich, dass sie nur ganz kurz in der Lage ist, Kontakte zu knüpfen und das Spiel konzentriert durchzuhalten. Es wird über eine halbe Stunde lang das Verhalten des Kindes, was es sagt und welche Aktionen es unternimmt, protokolliert. Um wirklich alle Aspekte des Verhaltens zu erfassen und niederzuschreiben, ist ein Höchstmaß an Konzentration erforderlich. Was das Kind sagt und tut, muss wertfrei notiert werden. Aufgeschrieben wird nicht "Das Kind hat sich geärgert", sondern "Das Kind wendet sich von allen anderen ab und setzt sich in eine Ecke".

Aus diesem Beispiel ergeben sich schon typische Fehlerquellen bei einer Beobachtung. Soziales Verhalten ist etwas Abstraktes. Das, was beobachtet wird, muss nicht der Realität entsprechen. So neigen Erwachsene dazu, eine etwas chaotische Spielecke als Unordnung zu identifizieren, während Kinder ihr eigenes Ablagesystem entwickelt haben. Fehler können beim Beobachter auftreten, in der Situation selbst und bei den zur Beobachtung verwendeten Instrumenten. Häufig treten Fehler auch bei der methodischen Kontrolle auf – Beobachter laufen Gefahr, nur das zu sehen, was sie sehen wollen. Bei der teilnehmenden Beobachtung kann es zudem mit einer Überidentifikation kommen, was zu einem Qualitätsverlust in der wissenschaftlichen Analyse führen kann. Mangelnde Kontrolle kann durch eine Ergänzung der Beobachtung durch andere Methoden in der Erhebung von Daten kompensiert werden.

Manchmal treten systemische Fehler bereits während der Vorbereitungsphase auf – so wird ein wenig passender Moment für die Beobachtung oder eine falsche Form der Beobachtung ausgewählt. Zur Vermeidung solltest Du nach der theoretischen Planung einen Pre-Test durchführen. Bei dieser Stichprobe kannst Du Dein erstelltes Beobachtungsschema kontrollieren und gegebenenfalls noch einmal anpassen.

Weiterhin können Fehler durch eine fehlende oder mangelhafte Definition des Themas auftreten. Wenn Du aggressives Verhalten in einer Jugendgang beobachten möchtest, musst Du vorab festlegen, was der Begriff "aggressiv" bedeutet. Die Palette reicht dabei von Anschreien und Schimpfwörtern, über Drohgebärden, bis hin zu konkreter körperlicher Gewalt. Dieser Prozess wird Operationalisierung genannt und ermöglicht es, dass auch andere Personen zu einem identischen Beobachtungsergebnis kommen.
Möchtest Du wissen, wie aggressiv die von Dir beobachteten Jugendlichen tatsächlich sind, müsstest Du sie theoretisch rund um die Uhr

beobachten. Das ist praktisch nicht möglich, weshalb Du die Möglichkeit schaffen musst, die Beobachtung unter immer gleichen Bedingungen stattfinden zu lassen. So bringt es wenig, der Gang bei einer Tour durch die Stadt zu folgen. Sinnvoller ist es daher, festzulegen, die Jugendlichen gezielt an einem ihrer bevorzugten Treffpunkte zu beobachten. Wenn Du den Zeitraum und den Ort der Beobachtung festgelegt hast, erstellst Du einen Beobachtungsbogen. Dort trägst Du die Verhaltensweisen ein, die Du beobachten möchtest und wie häufig diese auftreten. Mit diesem Bogen wird es Dir möglich sein, das Verhalten wissenschaftlich korrekt zu analysieren.

Neben der Interaktionsprozessanalyse nach Bales gibt es noch weitere wissenschaftliche Beobachtungsverfahren, die häufig zur Anwendung kommen. Zu nennen ist das Flanders System Interaction Analysis Categories (FIAC) oder das Münchner Aufmerksamkeitsinventar (MAI) nach Helmke und Renkl, das entwickelt wurde, um die Aufmerksamkeit von Schülern im Regelschulunterricht zu untersuchen. Das MAI ist ein Verfahren, in dem nur Verhalten codiert wird. So finden sich in den Bögen Beobachtungen wie "Zieht Sitznachbarin an den Haaren", aber keine Deutung des Verhaltens. Die Codierung des Schülerverhaltens erfolgt in einem festgelegten Zeitintervall von fünf Sekunden.

EXPERIMENTE

In der Pädagogischen Psychologie können Experimente entweder als Laborexperiment oder als Feldexperimente durchgeführt werden. Laborexperimente sind zum Beispiel das "Laute Denken" als Methode im Rahmen von Problemlösungen, Experimente zu Reaktionszeiten innerhalb der Leseforschung oder die Anwendung von Lerntechniken in der Gedächtnisforschung. Feldexperimente sind direkte Experimente in einem Klassenzimmer oder in einem Hörsaal. Hier geht es um Lernverhalten im Klassenzimmer oder darum, Lerntechniken einzuüben. Bei einem Experiment geht es darum, dass durch eine aktive Manipulation der Bedingungen die Möglichkeit geschaffen wird, Ursache und Wirkung zu unterscheiden. Durch ein Experiment wird es möglich, die Kausalbeziehungen zwischen einzelnen Variablen zu überprüfen. Das bedeutet, zwei oder auch mehr Variablen sind miteinander verbunden, wenn sie in einem Zusammenhang zueinanderstehen, der nicht umkehrbar ist. Das bedeutet: A erzeugt B, aber nicht umgekehrt. A ist die unabhängige Variable, B die abhängige Variable.

Das wird an einem Beispiel deutlich, bei dem es darum ging, in einem Experiment die Auswirkung von Koffein auf die Konzentration zu untersuchen. Die Probanden wurden in zwei Gruppen aufgeteilt. Die erste Gruppe bekam Koffein, die zweite nicht. Der Koffeingenuss ist im Experiment die unabhängige Variable. Die abhängige Variable ist dabei die Konzentrationsleistung. Berücksichtigt werden muss außerdem die sogenannte Störvariable, das heißt, jeder Einfluss, der eine Auswirkung auf die Konzentration haben könnte – zum Beispiel der Lärm einer Baustelle auf der Straße. Wichtig ist, dass Störvariablen so gehalten werden, dass sie keinen Einfluss auf das Testergebnis haben.

Wenn Experimente geplant werden, muss die MAX-KON-MIN-Regel angewendet werden. Das bedeutet:

- MAX: Maximierung der Wirkung einer unabhängigen Variablen auf die abhängige Variable.

- KON: Kontrolle der Einflüsse von unerwünschten Störvariablen auf die abhängige Variable.

- MIN: Minimierung von Zufällen.

Bei einem Experiment hängt der Erfolg vor allem von der Planungsphase ab, in der Du die Durchführung und Ausführung bereits festlegst. Bei der Planung ist darauf zu achten, dass Du eine Situation für Deinen Versuch findest, in der sich die unabhängige Variable manipulieren lässt und bei der Du für Deine abhängige Variable ein passendes Messinstrument finden kannst. Steht Deine Versuchsanordnung, erstellst Du den Versuchsgruppen-Plan. In diesem Plan legst Du die Bedingungen fest, zum Beispiel, ob Du die unabhängigen Variablen in mehreren Stufen variierst oder wie Du die Versuchspersonen genau zuordnest.

Einfache Experimente enthalten nur eine unabhängige Variable. Eine Bedingung, zum Beispiel eine Lernsoftware bei Schülern, und eine nicht damit ausgestattete Kontrollgruppe sollen miteinander verglichen werden. Diese Situation ermöglicht Dir einen recht einfachen Versuchsplan. Außerdem hast Du den Vorteil, dass die Gruppen nicht gleich groß sein müssen. Umfangreicher wird ein Experiment, wenn Du mehrere Versuchsgruppen parallel laufen hast. Die Parallelisierung ermöglicht es Dir, dass sich die Versuchsgruppen in einem wichtigen oder sogar mehreren wichtigen Merkmalen exakt entsprechen. Diese Parallelisierung erreichst Du zum Beispiel, indem Du die Gruppen anhand von Fragebögen zusammenstellst. Geht es etwa um ein

Lernexperiment, das dem Vergleich von Unterrichtsmethoden dienen soll, kannst Du Parameter wie

- Vorkenntnisse
- Leistungen in bestimmten Fächern
- Motivation

zur Parallelisierung nutzen. Aus Deinem Datenmaterial suchst Du die Versuchspersonen mit den gleichen Ergebnissen aus dem Fragebogen oder einem speziell zusammengestellten Test heraus. Nach dem Zufallsprinzip verteilst Du dann Deine Personen auf die Bedingungen des Experimentes und der eigentliche Versuch startet. Der Vorteil bei dieser Arbeitsweise ist, dass Du nur wenige Stichproben brauchst. Um jedoch die Parallelisierung durchführen zu können, musst Du vorab Werte durch Tests oder Fragebögen erheben. Das erfordert eine gute Organisation von Dir. Es kann sehr schwierig sein, Versuchspersonen zu beschaffen. Daher bietet es sich an, die Probanden für mehrere Experimente heranzuziehen. Willst Du zum Beispiel untersuchen, welchen Einfluss die jeweilige Rückmeldung (richtig, falsch, keine Reaktion) auf das Erlernen von Wortpaaren im Deutschunterricht hat, wäre es sinnvoll, jede Person drei Posten lernen zu lassen, die jeweils eine der Rückmeldungsmöglichkeiten erlaubt. So kommst Du mit relativ wenig Versuchspersonen zu Deinen Ergebnissen und Du brauchst keine zusätzliche Sitzung. Eine Problematik kann sich jedoch aus inhaltlichen Aspekten ergeben. Versuchspersonen verändern sich mit der Dauer einer Sitzung. Sie gewöhnen sich an die Situation und die Aufgabe und sie zeigen Fortschritte oder Ermüdungserscheinungen. Deine Aufgabe wäre es dann, das Experiment so durchzuführen, dass diese Effekte keinen Einfluss auf die Ergebnisse haben.

Im letzten Schritt geht es darum, Störvariablen auszuschalten oder bestmöglich zu kontrollieren. Dazu musst Du jedoch Störfaktoren erst einmal identifizieren. Zum Standard der experimentellen Versuchsplanung gehören daher

- **Elimination:** Das Ausschalten einer Störvariable.

- **Konstanthaltung:** Kannst Du eine Störvariable nicht ausschalten, musst Du versuchen, den Einfluss möglichst konstant zu halten. Wenn Deine Versuchspersonen alle unterschiedliche Leistungen im Fach Mathematik haben, solltest Du nur die Probanden zulassen, die eine annähernd gleiche Leistung zeigen. Dadurch lässt sich annehmen, dass die Messwerte sich nur um denselben Betrag verändern, wodurch eine Vergleichbarkeit möglich wird.

- **Parallelisierung:** Wenn Du Schüler nicht anhand ihrer Leistungen ausschließen kannst, verteilst Du Deine Versuchspersonen nach exakt demselben Schlüssel auf die Gruppen.

- **Randomisierung:** Eine Zuweisung nach dem Zufall hat sich als besonders wirksam zur Kontrolle von Störvariablen erwiesen. Die Personen werden zufällig den Gruppen zugeordnet. Dabei wird angenommen, dass sich Störvariablen ebenfalls zufällig hinsichtlich ihrer Wirkung auf die Gruppen verteilen, sodass die Fehler nicht mehr systematisch, sondern unsystematisch werden.

EXPERIMENTE

Menschen verhalten sich in der gleichen Situation oft sehr unterschiedlich. Damit ein Verhalten vorhergesagt werden kann, ist es notwendig, individuelle Strukturen der Persönlichkeit sowie allgemeine Gesetzmäßigkeiten zu berücksichtigen. Aus der differenziellen Psychologie stammt der Ansatz, diese Ausprägungen und Wechselwirkungen von Merkmalen wie Intelligenz, Bedürfnisse oder Emotionen in bestimmten Alters- oder Berufsgruppen festzustellen. Testverfahren werden nicht nur in der klinischen Diagnostik eingesetzt, sondern auch in der Erziehungsberatung und im schulischen Umfeld. Bei einem Test handelt es sich daher um ein standardisiertes wissenschaftliches Verfahren, durch das es möglich ist, psychologisch wichtige Merkmale einer Person zu bestimmen. Damit ein Test als brauchbar gilt, müssen mindestens die folgenden ANFORDERUNGEN erfüllt sein:

- Objektivität
- Zuverlässigkeit (Reliabilität)
- Gültigkeit (Validität)

Ein Test muss immer eine Anweisung beinhalten, wie der Test durchzuführen ist. Auch die Auswertung muss festen Regeln unterliegen, damit mehrere Bearbeiter zu einem identischen Endergebnis kommen.

Testverfahren werden bei therapeutischen Fragestellungen eingesetzt, bei der Personalauswahl und besonders wichtig in der Pädagogischen Psychologie zur Einstufung schulischer Leistungen. Damit Du einen aussagekräftigen Test zusammenstellen kannst, musst Du nicht nur über Kenntnisse in der Testtheorie verfügen, sondern Dich auch in Gesprächsführung, Grundlagen der Beobachtung, der kritischen Bewertung von Verfahren und der sicheren Interpretation von Ergebnissen auskennen. Während des Studiums werden die theoretischen Kenntnisse zur Erstellung und Durchführung von Tests vermittelt.

Im Umfeld von Schule und Ausbildung sind vor allem Intelligenztests zu nennen, die eine allgemeine oder spezielle Begabung untersuchen sollen. Meistens sind die Tests so konzipiert, dass einzelne Faktoren der Intelligenz durch Aufgaben in verschiedenen Schwierigkeitsgraden gemessen werden. Faktoren der Intelligenz können logisches Denken, Gedächtnisleistungen, Sprachverständnis, räumliches Vorstellungsvermögen oder Rechenfähigkeit sein. Je mehr Aufgaben ein Proband innerhalb der zur Verfügung stehenden Zeit lösen kann, desto höher ist der jeweilige Faktor ausgeprägt. In solchen Tests lässt sich der komplette Intelligenzquotient (IQ) erkennen, der besagt, auf welchem Rang die Versuchsperson innerhalb der getesteten Gruppe steht. Außerdem lässt sich das Intelligenzprofil ableiten, anhand dessen sich Stärken und Schwächen einer Person erkennen lassen. Kritiker dieser Verfahren führen an, dass diese Tests nicht in der Lage sind, ein Bild der gesamten Begabung eines Menschen zu vermitteln. Es handelt sich lediglich um Ausschnitte. Soziale und künstlerische Fähigkeiten sowie Kreativität werden mit diesen Verfahren nicht gemessen, obwohl diese "Soft Skills" im späteren Berufsleben durchaus eine Rolle spielen. Es gibt zwar auch Testverfahren für diese Bereiche, doch gestaltet sich die Definition der Merkmale dieser Fähigkeiten ebenso schwierig wie die Auswertung.

Wichtig in diesem Zusammenhang sind auch Leistungstests. Gemessen werden können intellektuelle, sensorische oder motorische Leistungen. Bei einem allgemeinen Leistungstest werden Parameter wie Konzentration, Aufmerksamkeit und Willensanspannung erfasst. Geht es um die Überprüfung sensorischer oder motorischer Leistungen, werden auch räumliches Vorstellungsvermögen oder Gedächtnisleistungen integriert. Bei den meisten Tests geht es darum, von einer Fähigkeit den reaktiven Grad zu bestimmen. Dabei handelt es sich um den erlernten oder eingeübten Grad dieser Fähigkeit. Das Ergebnis kommt aus der Anzahl der richtigen Ergebnisse innerhalb der vorgegebenen Zeit oder auch durch die Qualität der Leistung insgesamt zustande. Meistens werden diese Leistungstests eingesetzt, um die Konzentrationsfähigkeit zu prüfen und eine spezielle Eignung für einen bestimmten Aufgabenbereich zu ermitteln. Bei reinen Routineaufgaben kommt es vor allem auf Schnelligkeit an, was als Speed-Faktor bezeichnet wird.

Die Geschwindigkeit der Informationsverarbeitung gilt in den meisten Verfahren noch immer als der Gradmesser der Intelligenz. Aus diesem Grund liegt den meisten Intelligenztests der Speed-Faktor zugrunde. Vernon hat in diesem Zusammenhang ausgeführt, dass eine hohe Geschwindigkeit bei der mentalen Verarbeitung dazu führt, dass mehr Erfahrung und Wissen im Gedächtnis abgespeichert werden, wovon eine Person in Zukunft profitiert.[2] Einige Wissenschaftler sind jedoch einer anderen Ansicht. Ihnen geht es weniger um allgemeine Intelligenz in Verbindung mit dem Speed-Faktor. Im Vordergrund steht hier die Verarbeitungskapazität (Reasoning) allgemein. Viele Studien rücken jedoch nach wie vor die Messung der allgemeinen Intelligenz in den Vordergrund. Dabei stellte sich heraus, dass auch die Rolle von Wissen durch solche Verfahren unzureichend berücksichtigt wird. Wissen ist der Intelligenz an sich nicht zwangsläufig überlegen. Denn Wissen kann nicht durch Intelligenz, beziehungsweise Intelligenz kann nicht durch Wissen kompensiert werden. Es geht viel eher darum, der Kombination von Wissen und Intelligenz die entscheidende Rolle bei der Prognose einer Leistung zuzuweisen.

Ebenfalls von Bedeutung sind Persönlichkeitstest. Bei diesen Testverfahren werden alle Merkmale eines Probanden erfasst, die nicht zu den Bereichen Intelligenz und Leistungsvermögen zählen. In Persönlichkeitstests geht es um Interessen, Einstellungen, Neigungen und Eigenschaften. Erste Testverfahren wurden bereits 1919 in den USA entwickelt, um die Erfahrungen von US-Soldaten im Ersten Weltkrieg

---

[2] Vernon, P. A. (1983): Speed of information processing and general intelligence. In: Intelligence, Vol. 7 (1), S. 53-70

zu untersuchen. Neben den mit Fragen und Statements arbeitenden Persönlichkeitstest kommen noch diese Verfahren zum Einsatz:

- verbale Ergänzungsverfahren
- Formdeutungstest – Rorschach-Test
- Thematic Apperception Test – TAT
- spielerische und zeichnerische Gestaltungstests

An dieser Stelle empfiehlt es sich, etwas tiefer in die GÜTEKRITERIEN FÜR EINEN TEST einzutauchen, die von Moosbrugger und Kelava ausgeführt wurden.[3] Diese Testgütekriterien sind ein Instrument, um die Qualitätsbeurteilung von psychologischen Tests vorzunehmen. Bei der Erstellung eines Tests sollte Bezug darauf genommen werden, welche Kriterien auf welche Weise erfüllt werden. Viele dieser Aspekte bilden zum Beispiel die Basis für eine berufsbezogene Eignungsbeurteilung:

- Objektivität: Ein Test gilt als objektiv, wenn die gemessenen Merkmale unabhängig von dem Ersteller und dem Auswerter des Tests sind. Die Ergebnisinterpretation muss klaren und anwenderunabhängigen Regeln unterliegen.

- Reliabilität: Ein Test ist zuverlässig oder reliabel, wenn er in der Lage ist, das zu messende Merkmal ohne Messfehler zu messen.

- Validität: Ein Test ist valide oder gültig, wenn tatsächlich das zu messende Merkmal und nicht ein anderes gemessen wird.

---

[3] Moosbrugger, H.; Kelava, A. (Hrsg.) (2012): Testtheorie und Fragebogenkonstruktion, Berlin-Heidelberg: Springer Verlag

- **Skalierung:** Ein Test erfüllt die Anforderungen einer Skalierung, wenn die gemäß der geltenden Verrechnungsregel erstellten Testwerte adäquat die empirische Merkmalsrelation abbilden.

- **Normierung:** Eine Normierung oder Eichung bei einem Test liegt dann vor, wenn ein Bezugssystem erstellt wird, das erlaubt, die Testergebnisse eines Probanden im Vergleich zu denen anderer Teilnehmer eindeutig zuzuordnen und zu interpretieren.

- **Ökonomie:** Wenn der Erkenntnisgewinn höher ist als der finanzielle und zeitliche Aufwand, gilt ein Test als ökonomisch.

- **Nützlichkeit:** Ein Test ist als nützlich einzustufen, wenn er einen Praxisbezug hat und die auf ihm basierenden Entscheidungen mehr Nutzen haben als Schaden.

- **Zumutbarkeit:** Ein Test ist zumutbar, wenn die zu testende Person nicht zeitlich, psychisch oder körperlich über Gebühr belastet wird.

- **Unverfälschbarkeit:** Ein Test gilt als unverfälschbar, wenn das Verfahren dem Teilnehmer nicht ermöglicht, durch ein gezieltes Verhalten die Testwerte zu steuern oder zu verzerren.

- **Fairness:** Ein Test ist fair, wenn die Testwerte nicht zu einer Benachteiligung aufgrund ethnischer, geschlechtsspezifischer oder soziokultureller Herkunft führen.

PRAXISBEISPIELE:

Validität bei Tests zur Schulreife

Wenn es um die Schulreife geht, kommt es auf eine Vielzahl von Merkmalen an. Testaufgaben umfassen den Umgang mit Zahlenmengen, das Sprachverständnis oder die Ausdrucksfähigkeit. Eine hohe Akzeptanz erfährt ein Test, wenn Verhalten und Erleben überprüft wird, das auch für Laien als relevantes Merkmal erscheint. So ist es zum Beispiel für jeden nachvollziehbar, wenn ein Test für Schulreife den Umgang mit kleineren Zahlenmengen berücksichtigt. Schulreife meint jedoch nicht nur kognitive Fähigkeiten, sondern es geht auch um soziale Kompetenz und Motivation. Allerdings ist es nicht immer möglich, jedes Merkmal theoretisch zu fundieren. Ein Test gilt dann trotzdem als valide, wenn die Ergebnisse mit dem Urteil eines Lehrers kombiniert werden. Daraus ergibt sich dann die Kriteriumsvalidität, mit der beschrieben wird, wie gut sich der jeweilige Test tatsächlich zur Feststellung der Schulreife eignet.

Nützlichkeit Medizinertests für Studien-Beginner

Als die Studieneignungsprüfung für medizinische Fächer in den 1970er Jahren eingeführt wurde, wies dieses Verfahren eine große Nützlichkeit auf. Denn Studienplätze in der Medizin sind teuer und viele junge Menschen wollten Arzt werden, weshalb eine Vorauswahl angebracht erschien. Zu dieser Zeit wurde ein Test erstellt, der es ermöglichen sollte, eine Aussage zum Erfolg der ärztlichen Vorprüfung zu machen. Aufwendige Begleituntersuchungen überprüften permanent den Nutzen dieses Verfahrens. 1996 wurde der Test in Deutschland abgeschafft, in der Schweiz wird er immer noch verwendet.

Ein Test gilt als unfair, wenn die Aufgaben grundsätzlich für eine teilnehmende Personengruppe zu schwierig sind, beziehungsweise der unterschiedliche Schwierigkeitsgrad für die Probanden auf der Hand liegt. Wenn ein Test erstellt wird, der die Feinmotorik bei Grundschulkindern überprüfen soll, wäre es unfair, als Element eine Strick- oder Häkelaufgabe einzubauen. Damit wären Jungen gegenüber den Mädchen eindeutig im Nachteil.

Soziometrie

Soziometrische Tests wurden von Jakob L. Moreno bereits in den 1930er Jahren entwickelt.[4] Diese Art der Befragung wird eingesetzt, um in einer Gruppe das emotionale Beziehungsgeflecht zu untersuchen. Es handelt sich jedoch nicht nur einfach um eine Datenerhebung, sondern die Weitergabe der Ergebnisse an die Gruppe soll zur Selbsterkenntnis beitragen und Prozesse anstoßen. Die soziometrische Untersuchung einer Gruppe ist in diesen Fällen sinnvoll:

- Die Gruppe ist nicht zu groß.

- Die Gruppenmitglieder sind untereinander bekannt, da sich sonst Parameter wie Zuwendung und Ablehnung, Telestruktur genannt, nicht ermitteln lassen.

- Es müssen genaue Kriterien abgeleitet werden, nach denen die multidimensionalen Beziehungen in einer Gruppe untersucht werden. Zuneigung oder Abneigung darf sich nur auf die jeweilige Frage, aber nicht die Beziehung oder die Gruppenstruktur an sich beziehen.

---

[4] Moreno, J. L. (1974): Die Grundlagen der Soziometrie – Wege zur Neuordnung der Gesellschaft, Opladen: Westdeutscher Verlag

- Der Test soll nur angewendet werden, wenn es um Gefühle von Gruppenmitgliedern geht und sichergestellt ist, dass auf ein bestimmtes Kriterium Bezug genommen wird.

Dieses Testverfahren ist eine gute sozialpsychologische Methode, da es möglich ist, den aktuellen Zustand und Veränderungen in Gruppen zu bestimmen. Der Test kann auch mit therapeutischen Absichten genutzt werden, zum Beispiel, wenn es um eine Gruppe verhaltensauffälliger Schüler geht. Soziometrie ist ideal in der Kleingruppenforschung, wie es bei Schulklassen der Fall ist. Zu beachten dabei ist, dass es sich bei einer derartigen Gruppe nicht um eine reine Ansammlung von Personen handelt. Durch häufige Kontakte kennen sich die Mitglieder untereinander und entwickeln dabei zwangsläufig Gefühle. Wenn die Interaktion steigt, wird aus dem Nebeneinander ohne Beziehungen ein Kräftefeld. Während am Anfang Neutralität herrscht, kommt es im Verlauf der Gruppenbildung zum Aufbau emotionaler Beziehungen, die sich nach und nach verfestigen. Das Spektrum reicht dabei von Zuneigung bis Abneigung. Zu nennen sind die Hauptformen im zwischenmenschlichen Gefühlsbereich wie Beliebtheit, Ablehnung und Gleichgültigkeit. In jeder Gruppe begegnen sich die einzelnen Mitglieder mit einem individuellen Maß an Sympathie, Gleichgültigkeit und Antipathie. Aus diesem Beziehungsgeflecht bildet sich eine Struktur von mehr oder weniger festen, miteinander verknüpften interpersonellen Gefühlen.

Wichtig für das Ergebnis ist das sogenannte Wahlkriterium. Denn die Antworten der Teilnehmer unterscheiden sich erheblich, wenn nach dem besten Freund, dem Lieblingssitznachbar oder dem bevorzugten Kandidaten für den Klassensprecher gefragt wird. Das beste Kriterium gibt es nicht, eine Änderung sorgt dafür, dass weitere, spezifische Aspekte der Dynamik in der Gruppe angesprochen werden. Geht es Dir darum, die Machtstruktur in einer Gruppe zu untersuchen, wirst Du nach Führungsrollen wie Klassensprecher, Meinungsmacher,

Spielführer oder Vertrauensschüler fragen. Die Rollenstruktur wird dann offensichtlich, wenn Du für bestimmte Tätigkeiten nach der jeweils bevorzugten Person fragst. Je spezifischer diese Tätigkeiten innerhalb einer Gruppe sind, desto eher wird die Auswahl nach der Kompetenz getroffen. Geht es darum, die besten Spieler für eine Mannschaft zu wählen oder den Arbeitspartner für ein Schulprojekt zu bestimmen, werden Sympathien und Antipathien unwichtig und praktische Überlegungen geben den Ausschlag für die Entscheidung.

Ein repräsentatives Ergebnis wirst Du nur erhalten, wenn Du die Gruppe für Deine Erhebung interessieren kannst. Zudem ist ein gewisses Vertrauensverhältnis zwischen Dir und der Gruppe erforderlich. Achte darauf, die Kontakte der Probanden untereinander während schriftlicher Befragungen zu unterbinden. Deine Fragen kannst Du im Konjunktiv oder im Indikativ formulieren. Wichtig ist nur, dass alle Gruppenmitglieder dieselbe Frage erhalten, jeder die Frage verstehen kann und alles eindeutig beantwortet werden kann. TYPISCHE FRAGEN sind:

- Mit wem arbeitest Du am liebsten zusammen?

- Wer ist Dein bevorzugter Sitznachbar?

- Mit welchen Deiner Mitschüler unterhältst Du Dich am liebsten?

- Wen möchtest Du gerne zu Dir nach Hause einladen?

Wichtig ist, dass Du vorab entscheidest, ob Du nur Zuneigung oder Abneigungen messen möchtest oder beides gleichzeitig. Außerdem solltest Du beachten, dass negative Angaben einen Eingriff in die Intimsphäre einer Testperson darstellen. Eine negative Wahl hat jedoch den Vorteil, dass die Testergebnisse deutlich differenzierter ausfallen, da sich Probanden mit der Thematik intensiver beschäftigen. Bewährt hat es sich, auch die soziale Selbstwahrnehmung (sociometric perception) zu prüfen. Frage Deine Untersuchungspersonen, wer sie in der Gruppe positiv oder negativ wahrnimmt. Das erlaubt Dir, das Verhältnis zwischen dem vermuteten und dem tatsächlichen Status in der Gruppe zu untersuchen. Auch kannst Du Abhängigkeiten auf diese Weise erfassen. Neben Sympathie und Antipathie kannst Du mit diesem Verfahren auch den Grad der Intensität der Beziehungen in der Gruppe erfassen.

Grafisch stellst Du die Ergebnisse in einem Soziogramm dar. In der Mitte zeichnest Du mit einem Kreis oder Dreieck die beliebtesten Personen der Gruppe ein. Jedem Teilnehmer gibst Du eine Nummer. Ordne um diese "Stars" die anderen Teilnehmer an. Ein positives Feedback symbolisierst Du mit einem Pfeil auf die Richtung der Person. Beruht die positive Wahl auf Gegenseitigkeit, gehen Pfeile in beide Richtungen. Außenseiter platzierst Du dahinter. Alternativ kannst Du ein Zielscheiben-Soziogramm anfertigen.

Unabhängig davon, für welche Art des Soziogramms Du Dich entscheidest, kannst Du verschiedene Muster aus der Grafik ableiten. Identifiziere Paare als Gruppenmitglieder, die sich gegenseitig wählen. Ketten sind Anordnungen in der Gruppe, bei denen nicht alle Mitglieder durch Wahl miteinander verbunden sind. Sterne ergeben sich, wenn ein Gruppenmitglied von mehreren gewählt wird, die sich aber untereinander nur wenig auswählen. Cliquen ergeben sich, wenn sich in Untergruppen Personen häufig wählen und der Austausch mit anderen Gruppen gering ist. Stars sind die häufig ausgewählten Personen, die im Mittelpunkt stehen. Dabei gibt es Beliebte, Experten und Kommunikationsstars. Wenn Mitglieder nicht wählen und von niemandem gewählt werden, handelt es sich um Isolierte. Graue Eminenzen sind Personen, die nur in einer gegenseitigen Verbindung zu einem Star stehen. Angelehnte sind die Teilnehmer, die nur Negativstimmen erhalten und bei Vergessenen handelt es sich um Personen, die wählen, aber selbst keine Stimmen erhalten.

Die Fragen selbst bergen einige Fehlerquellen. Wenn die Befragten erkennen, dass ihre Antwort bestimmte Konsequenzen hat, tritt eine gewisse Stabilität in den Ergebnissen ein. Bei negativen Antwortoptionen fallen die Ergebnisse oft nicht ehrlich aus, da es schwerfällt, eine Antipathie zuzugeben. Gleichzeitig muss darauf geachtet werden, den Teilnehmern nicht das Gefühl einer Prüfungssituation zu vermitteln oder mit den Daten nicht diskret genug vorzugehen. Bei der Durchführung des Tests sollte die Gruppe komplett sein, da schon das Fehlen einer Person das Ergebnis nachhaltig beeinflussen kann. In der Kleingruppenforschung sind soziometrische Tests nach wie vor sehr beliebt, vor allem, da sie mit weniger Aufwand betrieben werden können als eine Beobachtung und die Verhaltensanalyse. Eng verwandt ist die Soziometrie mit der Netzwerkanalyse, mit der soziale Ordnungen methodisch erfasst werden können.

Befragungen

Ein weiteres Herzstück der Datenerhebung in der Pädagogischen Psychologie ist die Erstellung von Fragebögen. Ein Fragebogen kann entweder konkrete Fragen enthalten, eine Aufforderung zum Erzählen geben, Meinungen, Fakten und Werte abfragen und Auskünfte zu Problemen und Lösungen geben. Dieses Arbeitsinstrument ist sehr flexibel, da Du Fragebögen schriftlich, mündlich, am Telefon, online, per Post oder in einem persönlichen Gespräch beantworten lassen kannst. Ein Fragebogen kann an eine Einzelperson oder an eine ganze Gruppe gleichzeitig gerichtet sein.

Die Elemente eines Fragebogens werden Items genannt. Am Anfang musst Du die Entscheidung treffen, ob Du Fragen wie "Welches Unterrichtsfach magst Du am liebsten" oder Statements wie "Mathe fällt mir von allen Fächern am schwersten" verwenden willst. Antworten können sehr unterschiedlich angelegt sein. Denkbar sind einfache zweistufige Typen der Antwort, die nur "Ja" oder "Nein" zulassen oder "stimmt" und "stimmt nicht". Du könntest auch um eine dritte

Kategorie "neutral" oder "weder noch" erweitern. Außerdem möglich sind Rating-Skalen, auf der mit dem Ankreuzen einer Zahl angegeben wird, wie sehr eine Aussage zutrifft oder eben nicht zutrifft.

Die mittlere Kategorie kann bei einem Fragebogen problematisch sein. Je nach Versuchsperson kann die Antwortposition ganz unterschiedliche Dinge bedeuten. "Ich weiß nicht" meint zum Beispiel, dass jemand kein endgültiges Urteil treffen kann oder die Frage einfach nicht für wichtig hält. Das Ankreuzen der mittleren Option kann zudem einen Protest ausdrücken. Häufig wird bei Fragebögen daher nur ein klares Ja oder Nein als Antwortmöglichkeit gegeben, damit die Testperson nicht ausweichen kann. Andererseits kann die mittlere Option auch eine gute Möglichkeit sein, wenn Du Rückschlüsse darauf ziehen willst, ob die Testperson tatsächlich mit Interesse bei der Sache war. Häufig gewählt wird auch die Forced-Choice-Technik, bei der von mehreren Aussagen die ausgewählt wird, die am besten auf den Befragten zutrifft.

Fragebögen betreffen nicht nur Themen, die direkt beschreibbar sind. Häufig geht es auch um Dinge, auf die Testpersonen sogar dann nicht offen antworten oder Probleme bei der Beschreibung haben, wenn sie den Fragenden gut kennen. Aus diesem Grund wurden indirekte Techniken entwickelt, die in Fällen angewendet werden, in denen ein Widerstand der Testpersonen zu erwarten ist. Bei sensiblen Themen musst Du die Fragen daher so formulieren, dass sie möglichst wenig Abwehrreaktionen produzieren. Wichtig ist, dass Du Deinen Testpersonen nicht das Gefühl vermittelst, dass ihre Antwort einen Prestigeverlust bedeuten könnte.

BEISPIELE Fragen wie "Ist das Miteinander in Eurer Klasse freundlich?" brachten auf einem Fragebogen viele negative Antworten ein. Hier half eine umformulierte Alternative: "Findest Du es gut, wenn Ihr Euch offen in der Klasse zeigt, wie sehr Ihr Euch mögt?" Hier lagen die Antworten fast ausschließlich im positiven Bereich.

Wenn Du annimmst, dass Befragte dazu neigen, ein gewisses Verhalten zu verleugnen, nimm ihm die Last ab, mit Fragen wie "Wann hast Du zum ersten Mal die Schule geschwänzt?", statt zu fragen "Hast Du jemals die Schule geschwänzt?"

Zurückgreifen kannst Du auch auf projektive Fragen. Das sind Fragen nach einer dritten Person, bei denen vermuten wird, dass der Befragte in die Rolle dieser Person schlüpfen wird. Die Antwort wird jedoch seine eigene Einstellung zeigen. Diese Methode ist vor allem dann interessant, wenn Du Fälle hast, bei denen es um autoritäre Persönlichkeiten geht. Außerdem kannst Du die Fehlerauswahlmethode nutzen. Hier gibst Du auf eine Tatsachenfrage verschiedene Antwortmöglichkeiten, wobei alle Antworten fehlerhaft sind. Anhand der ausgewählten falschen Antwort wird es Dir jedoch möglich sein, Rückschlüsse auf die Einstellung des Befragten zu ziehen. Bei einem Informationstest gehst Du davon aus, dass Ausmaß und Art der Informationen, die eine Person über einen Sachverhalt oder Gegenstand besitzt, erlauben, ihre Einstellung dazu zu erkennen.

INTERVIEWS

Bei einem standardisierten Interview sind die Fragen exakt festgelegt und werden allen Teilnehmern mit einem identischen Wortlaut und in gleicher Reihenfolge gestellt. Das garantiert einheitliche Bedingungen für alle Befragten. Bei einem nicht-standardisierten Interview werden hingegen Wortlaut oder Reihenfolge verändert, was schon bei kleinen Veränderungen in der Formulierung beträchtliche Abweichungen hervorrufen kann. Geäußerte Einstellungen haben immer einen direkten Bezug zu den gestellten Fragen. Dennoch gibt es Forscher, die nicht-standardisierte Interviews bevorzugen, da sich die Fragen dem jeweiligen Fall angleichen lassen. Schließlich können Worte für jede Person etwas anderes bedeuten.

Interviews und Fragebögen sind ein beliebtes Instrument in der Pädagogischen Psychologie und werden vielfältig eingesetzt. In der Anfangsphase eines Projektes klären Interviews häufig die Dimensionen ab. Sie können auch dazu verwendet werden, Hypothesen aufzustellen und den natürlichen Bezugsrahmen der Testpersonen aufzudecken, die bereits im Bewusstsein vorhanden sind. Interviews sind zudem hervorragend zur Datensammlung geeignet, hier sind allerdings standardisierte Interviews zu bevorzugen. Außerdem eignen sich Interviews, um Ergebnisse zu klären, die aus dem Einsatz anderer Techniken resultieren. Zum Beispiel, wenn es sich um sehr komplexe unabhängige Variablen handelt, wie Untersuchungen, bei denen eine Probandengruppe eine Lernsoftware nutzt. Das Interview kann dann aufzeigen, welche Aspekte in dem Verfahren für die beobachteten Auswirkungen verantwortlich waren. Wenn sich unerwartete Dinge ereignen, kann sich durch das Interview die Antwort ergeben, warum ein Experiment andere Ergebnisse als erwartet hervorbrachte.

Besonders interessant in diesem Kontext ist die Delphi-Studie[5]. Hierbei werden Experten in einem mehrstufigen Verfahren zu komplexen Problemstellungen befragt. Das Verfahren wird meist eingesetzt, wenn es darum geht, die Wahrscheinlichkeit bestimmter Entwicklungen im Bildungssystem abzuschätzen. In der ersten Runde werden die Experten in kleinen Gruppen zu möglichen Szenarien und ihrer Einschätzung zur zukünftigen Entwicklung befragt. Das wird mit bereits existenten Theorien ergänzt und daraus ein Fragebogen entwickelt. Dieser Fragebogen dient der Befragung von größeren Gruppen von Fachexperten, die Ergebnisse werden anonym zugestellt mit der Aufforderung an die Teilnehmer der ersten kleinen Gruppe, die eigenen Antworten noch einmal einer Revision zu unterziehen, damit ein größtmöglicher Konsens entstehen kann. Der Vorteil dieser Methode liegt in dem schrittweisen und strukturierten Prozess, einen Konsens zu finden, wobei das Verfahren nicht durch den jeweiligen Status der Experten verzerrt wird. Kritisch darf gesehen werden, dass auf diese Weise ein Konsens entsteht, der in einer normalen Expertendiskussion nicht zustande gekommen wäre.

Narrative Interviews haben eine offene Form, die es ermöglicht, Informationen zu gewinnen, die in standardisierten Interviews so nicht zu erhalten sind. Das sind vor allem Informationen, die im Verlaufe eines Prozesses wichtig werden, an die jedoch im Vorfeld nicht gedacht wurde. Damit werden vor allem spezielle und individuelle Probleme des Befragten sichtbar. Die Technik lebt davon, dass eine Betroffenheit der Testperson durch den Frager zu dem jeweiligen Thema ausgelöst werden kann. Im Fokus steht dabei, dass ein Bedürfnis entsteht, zu diesen Fragen Stellung zu beziehen. In einem narrativen Interview geht es darum, eher weniger Fragen zu stellen, die Testpersonen sollen von sich aus erzählen. Als Interviewer bringst Du daher meistens Stichwörter ein und sorgst mit ausgewählten Fragen dafür,

---

[5] Häder, M.; Häder, S. (2000): Die Delphi-Technik in den Sozialwissenschaften, Wiesbaden: Springer Verlag

dass der Erzählfluss nicht abreißt. In einem narrativen Interview gewinnst Du tiefere Informationen. Gleichzeitig kann es Dir passieren, dass nicht alle Interviews dieselbe Qualität haben und Du die Vergleichbarkeit nicht immer herstellen kannst. Eine Variante des narrativen Interviews ist das problemzentrierte Interview – hier geht es meist um eine unvoreingenommene Erfassung von individuellen Handlungen und subjektiven Wahrnehmungen. Der Vollständigkeit halber sei noch das narrativ-fokussierte Interview genannt, das vor allem genutzt wird, um biografische Berichte und Lebensläufe zu erfassen.

GRUPPENDISKUSSIONEN

Gruppendiskussionen sind eine spezielle Interviewform. Mehrere Personen werden gleichzeitig befragt. Entweder werden die Meinungen einzelner Teilnehmer untersucht, wobei die Gruppensituation als solche weniger im Mittelpunkt steht. Oder aber die Gruppendiskussion dient dazu, die Einstellungen der ganzen Gruppe herauszufinden. Zum Untersuchungsgegenstand wird die ganze Gruppe und nicht mehr das Individuum. Wichtig ist die Gruppendiskussion zum Beispiel dann, wenn Prozesse der Meinungsbildung untersucht werden. Ein Wissenschaftler wird sich nach der Begrüßung und dem Grundreiz, der das Diskussionsthema beinhaltet, zurückhalten. Wenn das Gespräch ins Stocken gerät, können Reizargumente eingestreut werden. Falls gewünscht, kann am Ende eine Metadiskussion stehen – die Diskussion über die Diskussion. Dieses Verfahren ermöglicht es als einziges wissenschaftliches Verfahren, Einblicke innerhalb der Gruppendynamik in kollektive Einstellungen und deren Verbreitung zu erhalten. Bei der Auswertung einer Gruppendiskussion ist es oft schwer möglich, Thema und Effekte in der Gruppe voneinander abzugrenzen. Ob die Meinung dann die tatsächliche Einstellung der Teilnehmer spiegelt oder Folge eines gruppendynamischen Prozesses ist, kann oft nicht eindeutig festgestellt werden.

LÄNGSSCHNITTSTUDIEN

Bei einer Längsschnittstudie müssen die gleichen Testpersonen in größeren zeitlichen Abschnitten mindestens dreimal in einem Verfahren untersucht werden. Der große Vorteil liegt darin, dass Veränderungen über eine Zeitspanne hinweg genau erfasst werden können. Ein bekanntes Beispiel für eine Längsschnittstudie ist die Münchner LOGIK-Studie, bei der es um die Genese individueller Kompetenzen geht. Diese Studie wurde 1984 mit 200 Kindern gestartet, die gerade den Kindergarten begonnen hatten. Zwischen dem 4. und 13. Lebensjahr der Teilnehmer fanden zwei- bis dreimal im Jahr diverse Tests von etwa sieben Stunden Länge pro Kind statt. Es wurden dabei soziale, intellektuelle, motorische und persönlichkeitsbezogenen Entwicklungen erfasst, später auch die schulische Laufbahn. Die Probanden wurden danach noch einmal im Alter von 17 Jahren und im Alter von 24 Jahren untersucht. Die insgesamt elf Phasen der Datenerhebung ermöglichten es, ein exaktes Bild der menschlichen Entwicklung vom Kindes- bis ins frühe Erwachsenenalter hinein zu erhalten.

STICHPROBEN

In der Regel ist es nicht möglich, die Daten von allen bedeutenden Versuchspersonen zu erfassen. Aus der Grundgesamtheit wird dann eine Auswahl oder Stichprobe vorgenommen. Die Auswahl der Probanden für eine Stichprobe muss so sein, dass alle relevanten Merkmale der zu untersuchenden Gruppe möglichst gut gespiegelt werden. Das heißt, sie sind repräsentativ.

Um die Gruppe zu ermitteln, gibt es drei Möglichkeiten:

- Gezieltes Auswahlverfahren
- zufälliges Auswahlverfahren
- Mischformen

Während zufällige Verfahren das Kriterium der Repräsentativität gut erfüllen, ist das bei bewussten Auswahlverfahren meist nicht der Fall. Eine Stichprobe wird Dir nur dann verlässliche Daten liefern, wenn Du

- Deine Grundgesamtheit exakt zeitlich, sachlich und räumlich definiert hast;
- die Teilnehmer für die Stichprobe zufällig ausgewählt hast.

Der Begriff repräsentativ ist ohnehin nur im Kontext von Stichproben sinnvoll. Denn das ist nur dann gegeben, wenn Stichprobe und Grundgesamtheit dieselbe Struktur aufweisen. Eine offene Onlinebefragung erfüllt diesen Anspruch nicht.

Eine einfache Zufallsstichprobe wird auch Randomsample genannt. Ein Randomsample gibt jedem Mitglied einer Grundgesamtheit die gleiche Voraussetzung, Teil der Stichprobe zu werden. Wenn Du Deine Grundgesamtheit als Schüler der 5. Klasse Gymnasium definiert hast, sind damit für alle die gleichen Voraussetzungen gegeben. Meist wird das geschichtete Sample bevorzugt. Du teilst Deine Grundgesamtheit nach bestimmten Merkmalen wie Geschlecht, Religion oder Familiensituation in Schichten ein und nimmst aus jeder Schicht Zufallsstichproben. Merke Dir: Es kann sinnvoller sein, kleinere Stichproben zu nehmen, statt auf die große Masse zu setzen.

EINZELFALLFORSCHUNG

Einzelfallstudien sind Forschungsvorhaben, die einzelne Elemente zum Gegenstand der Analyse machen. Das können Personen, Gruppen oder ganze Gesellschaften sein. In der Pädagogischen Psychologie haben Einzelfallstudien eine lange Tradition. So wurde bereits 1885 von Ebbinghaus dieses Mittel bei der Erforschung der menschlichen Gedächtnisleistungen angewendet. Vor allem in der Schulvergleichsforschung sind Einzelfallstudien beliebt. Bei diesen Fallstudien geht es meist darum, intensiv Prozesse an ausgewählten Schulen zu beobachten, bei denen es spezifische, oft historisch gewachsene Bedingungen gibt. Ziel der Studien ist es, ein möglichst exaktes Bild der Wirklichkeit zu gewinnen, zu beschreiben und damit eine Sichtweise aus verschiedenen Perspektiven zu ermöglichen. Zu einer solchen Studie gehört es auch, Ziele und Einstellungen im Lehrerkollegium zu untersuchen, die Erwartungen der Eltern zu analysieren sowie Leitungs- und Organisationsprozesse der Schule zu erkunden. Aus der Verzahnung dieser Ziele ist es meist möglich, wertvolle Hinweise zu gewinnen, wie sich pädagogische Ziele verbessern lassen. Bei einer Einzelfalluntersuchung ist es wichtig, typische Handlungsmuster zu rekonstruieren, damit sich daraus generelle Strukturen ableiten lassen. Es geht bei diesen wissenschaftlichen Arbeiten also nicht darum, einmalige Phänomene zu untersuchen, sondern einen empirischen Zugang zu sozialen Wirklichkeiten zu erhalten.

An Verfahren kommen in Einzelstudien Beobachtung, Gruppendiskussion, Interviews oder auch eine Dokumentenanalyse zum Einsatz. Dabei sind Techniken zu bevorzugen, die sich gut kombinieren lassen. Damit wird nicht nur die angestrebte Multiperspektivität erreicht, sondern auch die Kontrolle der Ergebnisse wird leichter. Führen alle angewandten Techniken zu ähnlichen Ergebnissen, stützt das die Interpretation. Ergeben sich Abweichungen, müssen neue Untersuchungen durchgeführt werden. Wenn bei einer Fallstudie eine einzelne Schule im Mittelpunkt steht, gilt es immer, sich auf die Besonderheiten einzulassen und alle individuellen Prozesse und Merkmale zu erfassen.

Im Vordergrund steht die Binnenanalyse, die es erst ermöglicht, pädagogische Wirklichkeiten nachvollziehbar zu machen. Es geht um das allgemeine Klima in einer Institution, die Bezüge zum Umfeld und die Bedeutung dieser Faktoren für die Bildungsqualität, die dann mit allgemeinen Überlegungen aus der pädagogischen Theorie in Zusammenhang gebracht werden. Das ermöglicht es, Stärken und Schwächen einer Schule realitätsnah abzubilden. Mit Stichproben allein wäre eine solche tiefgehende Analyse nicht möglich.

Wie Horstkemper und Tillmann[6] zeigen, kann eine Erweiterung auf mehrere Schulen durchaus sinnvoll sein, um noch mehr Einsichten zu erlangen. Indem einzelne Schulen in Studien miteinander verglichen werden, lassen sich förderliche und hemmende Mikroprozesse leichter identifizieren und Strategien der Überwindung entwickeln. Wichtig ist, auf schulübergreifende, regelhafte Zusammenhänge zu achten, typische Handlungsmuster herauszuarbeiten und daraus theoretische Erkenntnisse abzuleiten.

BEISPIEL UNTERRICHTSFORSCHUNG UND DIE PISA-STUDIE

In der Pädagogischen Psychologie nimmt die Unterrichtsforschung ebenfalls eine zentrale Rolle ein. Als empirische Sozialforschung beschäftigt sich Unterrichtsforschung nach Häcker und Stampf[7] mit

- **Themen im Unterricht**

---

[6] Horstkemper, M.; Tillmann, K. J (2008): Studien zu Einzelschulen. In: Helsper, W.; Böhme, J. (Hrsg.), Handbuch der Schulforschung, 2. Aufl., Wiesbaden: VS Verlag für Sozialwissenschaften, S. 285-320

[7] Häcker, H.-G.; Stapf, K.-H. (2004): Dorsch Psychologisches Wörterbuch, 14. Aufl., Bern: Huber

- Methoden des Unterrichtens

- Medien im Unterricht

- am Unterricht teilnehmenden Personen

- Institutionen

Angesichts dieser Themenvielfalt wird schnell klar, dass die Unterrichtsforschung keine spezielle Methode darstellt, sondern mehrere Forschungstechniken und -methoden unter einem Dach vereinigt. Die Ziele in der Unterrichtsforschung sind, zu überprüfen, wie der Einfluss bestimmter Lehrmethoden, aber auch weitere Hintergrundfaktoren sich auf Ziele wie

- Lernleistung

- Wissenserwerb und Wissenszuwachs

- Unterrichtszufriedenheit

- Gesundheit

auswirken. Es geht darum, einerseits das Lernen des Individuums als Ergebnis des eigenen Handelns, aber auch in der Auseinandersetzung mit anderen Faktoren wie dem Lehrerverhalten zu erforschen und zu verstehen. Forschungsergebnisse sind zwar meistens recht klar, aber es gibt einen großen Spielraum in der Interpretation. Das zeigen die Ergebnisse der PISA-Studie, deren bildungspolitische Konsequenzen in den einzelnen Ländern ganz unterschiedlich gehandhabt werden.

Die PISA-Studie nimmt in der aktuellen Unterrichtsforschung eine zentrale Rolle ein. Es war zwar nicht die erste bildungspolitische Studie, die durchgeführt wurde, aber die Befunde waren offenbar so überraschend, dass sich mit dem "PISA-Schock" ein eigener Begriff geprägt hat. Dabei dürften einige Ergebnisse nicht verwunderlich gewesen sein. Bereits die zwischen 1968 und 1972 durchgeführte "Six-Subject-Study (FISS)" hatte gezeigt, dass deutsche Schüler in Biologie, Chemie und Physik unterdurchschnittliches Wissen und Leistungen haben. Deutschland stoppte danach für viele Jahre die Teilnahme an internationalen Vergleichen und setzte sich erst ab Mitte der 1990er Jahre mit dem Thema auseinander.

Die Abkürzung PISA steht für "Programme for International Student Assessment" und steht unter der Federführung der OECD (Organisation für wirtschaftliche Zusammenarbeit und Entwicklung). Untersuchungsgegenstand sind Einfluss und Ertrag des Schulsystems in einem Land auf den Lernerfolg der Schüler. Es ist bei dieser Studie möglich, Ergebnisse in den internationalen Kontext zu setzen, aber auch den Vergleich zwischen den einzelnen Bundesländern durchzuführen. Charakteristisch für PISA ist der regelmäßige Vergleich alle drei Jahre und die Konzentration auf Kompetenzen statt auf einzelne Schulfächer. So geht es um Lesekompetenzen und mathematische Kompetenzen, aber nicht um Zensuren in Fächern wie Deutsch und Mathematik. Indem sich auf Alters- statt Klassenstufen konzentriert wird, kann die Problemlösefähigkeit der Schüler in natürlichem Umfeld ermittelt werden.

Auch methodisch ist PISA bemerkenswert. Charakteristisch ist die hohe Teilnehmerzahl, die im Jahr 2006 400.000 Schüler in 57 Ländern betrug. Außerdem fanden umfangreiche Voruntersuchungen statt, um Qualitätsstandards für die Stichproben zu gewährleisten. Die Antworten wurden umgerechnet in Kompetenzstufen. So steht Stufe 1 bei PISA für den Elementarbereich, während die Stufe 5 als Expertenstufe gilt. Zudem erfolgte eine Normierung der Befunde auf einen Mittelwert von 500 Punkten oder SD=100. Damit lassen sich nicht nur die Kompetenzen der Länder und Bundesländer untereinander vergleichen, sondern auch der Schüleranteil in der jeweiligen Kompetenzstufe. Die wichtigsten Erkenntnisse für Deutschland besagen, dass die Schüler im internationalen Vergleich im Mittelfeld liegen. Seit den Anfängen von PISA wurden Defizite in den Naturwissenschaften zunächst aufgeholt. Aktuelle Zahlen belegen allerdings, dass Deutschland wieder unter das Niveau von 2006 gerutscht ist. Mit 503 Punkten liegt Deutschland international auf Platz 15 in den Naturwissenschaften. Nach einigen guten Impulsen im Fach Mathematik wurden bislang keine nachhaltigen Verbesserungen erreicht. Zwar gab es 2012 in der Studie 514 Punkte, doch dieses Niveau konnte nicht dauerhaft gehalten werden. 2018 beträgt der Score in Mathematik 500 Punkte, was Platz 20 bedeutet. Selbst am Gymnasium ist die Lesekompetenz deutscher Schüler als schwach zu bewerten. Nachdem es bei den Leseleistungen Verbesserungen gab, fielen deutsche Schüler wieder auf das Niveau von 2009 zurück. 2018 wurden 498 Punkte erreicht, womit Deutschland bei der Lesekompetenz auf Platz 20 liegt.

PISA hat dazu geführt, dass die Ausgaben für den Schulbereich im gesamten OECD-Raum um über 15 % je Schüler angestiegen sind. Trotzdem haben sich die Leistungen seit der ersten Erhebung im Jahr 2000 nicht wirklich verbessert. In Deutschland sind die Leistungsunterschiede vor allem im Hinblick auf den sozioökonomischen Hintergrund auffällig. Sozial privilegierte Schüler haben im Schnitt vor den Schülern aus einkommens- oder bildungsschwachen Elternhäusern einen Leistungsvorsprung von 113 Punkten bei der Lesekompetenz. Im OECD-Durchschnitt liegt dieser Leistungsvorsprung bei 89 Punkten. Wie die Zahlen zeigen, wird die Kluft über die Jahre sogar tiefer. 2009 betrug der Abstand 104 Punkte in Deutschland. Interessant aus wissenschaftlicher Sicht ist ebenfalls, dass Deutschland an bestimmten Schulen eine stärkere Konzentration an leistungsstarken oder leistungsschwachen Schülern aufweist. Als Grund wird dafür eine frühe Selektion in die verschiedenen Schultypen nach der vierten Klasse vermutet.

Mädchen sind in Deutschland beim Lesen kompetenter und erzielen durchschnittlich 26 Punkte mehr als gleichaltrige Jungen. Wobei sich hier das Niveau angleicht, denn 2009 erreichten Mädchen noch 40 Punkte mehr. In Mathematik haben die Jungen bessere Ergebnisse und liegen 7 Punkte vor den Mädchen. In den Naturwissenschaften sind die Kompetenzen bei beiden Geschlechtern gleich stark. Die Leistungen in Mathematik und den Naturwissenschaften sind bei den Mädchen seit 2015 stabil geblieben, bei den Jungen ist hingegen ein Rückgang von 11 beziehungsweise 12 Punkten zu verzeichnen. Ebenfalls charakteristisch für Deutschland sind große Unterschiede bezüglich der Herkunft der Schüler. Das wird besonders bei Jugendlichen mit Migrationshintergrund deutlich, die nach wie vor eine suboptimale Förderung erfahren. Außerdem gibt es ein starkes Gefälle bezüglich der Kompetenzen in den einzelnen Bundesländern. Bayern, Sachsen und Thüringen gelten als erfolgreiche Modelle, in Bremen und Hamburg haben Schüler die schwächsten Leistungen. PISA beschäftigt sich ebenfalls mit sozialen Phänomenen, die über die Wissensvermittlung hinausgehen. So geben 23 % aller deutschen Schüler an, mindestens einmal im Monat Mobbing durch Mitschüler zu erfahren. Das entspricht dem Durchschnitt aller teilnehmenden Länder. Rund 67 % der Schüler sind mit ihrem Leben zufrieden, 92 % bezeichnen sich als größtenteils glücklich und 4 % sind traurig und unzufrieden mit ihrem Leben.

ZUSAMMENFASSUNG

Bildungsangebote werden nicht nur in großen internationalen Studien geprüft. Die Erforschung und Bewertung von Unterrichtsformen, Lernangeboten und Interventionsmaßnahmen gehört sozusagen zum "täglich Brot" in der Pädagogischen Psychologie. Wenn es darum geht, neue Bildungsangebote zu entwickeln, sind Pädagogische Psychologen meist mit von der Partie. Sie arbeiten direkt mit Pädagogen zusammen oder messen mit den in diesem Kapitel vorgestellten Methoden Effekte und Erfolge. Eine Entwicklung neuer Bildungsangebote sollte daher immer die folgenden Aspekte berücksichtigen:

- **Modelle:** Es muss von Anfang an eine Vorstellung davon entwickelt werden, welche Kompetenzen trainiert werden sollen. Bei der Auswahl einer Zielgruppe für ein Forschungs- oder Trainingsprojekt ist darauf zu achten, dass diese Personen als Modell für die zu trainierende Kompetenz gelten können.

- **Überprüfung:** Steht fest, welches Wissen oder Verhalten entwickelt werden soll, muss eine erneute Überprüfung der Zielgruppe stattfinden.

- **Transfer:** Ist das Trainingsziel abgesichert oder wird modifiziert, steht nun der Transfer an, mit welchen Methoden der Ist-Zustand in den Soll-Zustand gebracht werden kann.

- **Gesamtkonzept:** Alle Strategien, die aus den Forschungsergebnissen abgeleitet werden, sind nun zu einem Konzept zusammenzuführen. Das erfolgt in Form eines Trainingsmanuals.

- Evaluation: Das Trainingsmanual dient dazu, die Wirksamkeit der Methoden zu überprüfen. Je nach Rückmeldung erfolgt eine Weiterentwicklung des Programms und der Methoden. Effekte werden anschließend ausgewertet und bewertet.

- Machbarkeit: Liegen alle Ergebnisse vor, ist zu überprüfen, ob Kosten, Aufwand und Nutzen der Maßnahme in einer Relation zueinanderstehen.

Gerade die Evaluation ist in der Pädagogischen Psychologie von besonderer Bedeutung. Denn nur damit ist es möglich, Qualitätssicherung von Bildungsangeboten zu betreiben. Eine methodisch korrekt durchgeführte Evaluation garantiert, dass vorformulierte Lernziele tatsächlich erreicht werden können und die Kompetenzen der Zielgruppe sich verbessern. Außerdem muss überprüft werden, ob die Maßnahme in der Durchführung realistisch ist, ökonomisch ist, die Methoden zuverlässig und gültig sind und eine inhaltliche Relevanz besteht. Nach Donald und James Kirkpatrick[8] sind verbesserter Wissenserwerb und Verhaltensänderungen nur unter diesen Voraussetzungen möglich:

1. Teilnehmer zeigen eine Zufriedenheit mit der Methode, lassen sich einbeziehen und sind mit Spaß dabei.

2. Wissen wird aufgebaut und kann reflektiert werden.

3. Das erworbene Wissen kann konkret umgesetzt und angewendet werden.

---

8 Kirkpatrick, D. L.; Kirkpatrick, J. D. (2006): Evaluating Training Programs – The Four Levels, 3. Aufl., San Francisco, CA: Berrett-Koehler Publishers

4. Es gibt einen Gewinn, der über den Erfolg eines Individuums geht.

In den dargestellten Prozessen und Methoden zeigt sich, dass die Pädagogische Psychologie psychologisches Wissen für die pädagogische Praxis bereitstellt. Bildung und ihre Möglichkeiten, aber auch die Grenzen können durch die aufgezeigten Verfahren wissenschaftlich fundiert werden. Es geht dabei jedoch nicht darum, nur die Schulpraxis wissenschaftlich zu untermauern, sondern in der Forschung werden theoretische und methodische Grundlagen ständig erweitert. Neben dem Lernen in der Schule geht es seit einiger Zeit darum, den Fokus zu vergrößern. Hier ist das Schlüsselwort lebenslanges Lernen.

3. WISSENSERWERB

3.1 WAS WIR ÜBER WISSEN WISSEN

Der Wissenserwerb ist zentral in den meisten Bildungsprozessen. Wissen wird dabei nach zwei Teilbereichen unterschieden. DEKLARATIVES WISSEN meint Kenntnisse von einzelnen Fakten wie einer Rechenregel, einer grammatikalischen Form oder einem Datum der Geschichte. Mit PROZEDURALEM WISSEN ist gemeint, dass erworbene Kenntnisse auch angewendet werden können – zum Beispiel das Lösen einer Mathematikaufgabe oder das Abfassen einer Textanalyse. Über diese beiden Wissensarten herrscht ein genereller Konsens. Anderson hat das prozedurale Wissen jedoch in der ACT-Regel konkretisiert. Die besagt schlicht "Wenn, dann". Zum Beispiel: "Wenn ich alle schwierigen Worte geübt habe, dann werde ich das Diktat ohne Mühe schreiben können." Wobei nach Andersons Theorie prozedurales Wissen nicht direkt verbalisiert werden kann. Lässt sich zum Beispiel in der Mathematik ein Lösungsweg mit Worten beschreiben, ist deklaratives Wissen ebenfalls vorhanden. Die Fähigkeit an sich, die Aufgabe zu lösen, wäre dann prozedurales Wissen. Andere Experten wie de Jong und Fergusson Hessler bezeichnen verbalisiertes Wissen, über das ein Lösungsweg erfolgt, als prozedurales Wissen. In der täglichen Praxis ist diese Grenzziehung dann relevant, wenn es darum geht, ob aus verbalisiertem Wissen prozedurales Wissen gefolgert werden kann.

Beide Wissensarten können sich auf rein fachliches Wissen wie binomische Formeln oder auf Vorgehensweisen und Strategien beziehen, die fachübergreifend von Bedeutung sind. Ein typisches Beispiel ist das Lernen der richtigen Argumentation, die auch Gegenargumente einschließt, und die in mehreren Schulfächern nützlich ist. Eine weitere wichtige Wissensart ist das metakognitive Wissen. Das lässt sich am besten mit Wissen über das Wissen beschreiben, was bedeutet, Du weißt, welchen Sinn eine Lernstrategie hat und Du bist in der Lage, Dein eigenes Vorgehen damit zu planen – Flavell hat damit 1979 Metawissen erstmals und näher definiert. Deklaratives Wissen sind die Kenntnisse über Personenmerkmale wie "Gleichungen mit einer Unbekannten schauen oft leicht aus, können jedoch sehr kompliziert sein." Bei prozeduralem metakognitiven Wissen geht es um das Planen des eigenen Vorgehens, etwa, wenn eine Aufgabe nicht komplett verstanden wurde. In der Pädagogischen Psychologie rückte in den letzten Jahren das metakognitive Wissen in den Vordergrund, das sich auf die Auffassung von Wissen als solches bezieht. Schüler möchten sich nur dann mit komplexen Sachverhalten, zu denen es verschiedene Positionen gibt, auseinandersetzen, wenn sie der Auffassung sind, dass es kein absolutes Wissen darüber gibt und außerdem nicht alle Punkte willkürliche Meinungen darstellen. So möchten sie bei Diskussionen um Klimawandel oder Stammzellenforschung überzeugt werden, dass es verschiedene, durchaus legitime Positionen gibt, die jeweils unterschiedlich gut begründet werden. Außerdem ist bei Wissen nicht zwingend die Menge relevant, sondern es geht um die Qualität des Wissens und die Vernetzung.

Wie die Wissensarten funktionieren, wird an diesen Beispielen deutlich:

Schüler 1 hat die mathematischen Formeln gut auswendig gelernt und kann aus dem Unterricht bekannte Aufgabenformen lösen. Wenn er jedoch leicht veränderte Aufgaben bearbeiten muss, bei denen der Lösungsweg leicht abgewandelt wird, ist das nicht mehr möglich.

Ein anderer Schüler hat nicht nur die Formeln gelernt und verstanden, sondern ist auch in der Lage, zu begründen, wie er die Formeln auf die verschiedenen Aufgabentypen anwendet und kann sämtliche Lösungswege erklären. Damit hat er gezeigt, dass er die verschiedenen Wissenstypen zu einer Struktur vernetzen kann.

Wenn es um Wissensstrukturen geht, ist der Begriff des Schemas von Bedeutung. Damit ist gemeint, dass Du wiederholt auftretende Probleme in abstrahierter Form lösen kannst. Somit bist Du in der Lage, den theoretischen Dreisatz mit konkreten Zahlen zu füllen und zu einem Ergebnis zu kommen. Genau diese Fähigkeit, in Schemata zu denken, ist die Voraussetzung, um komplexe Probleme zu lösen. Die holistische Art von Wissen wird in der Schule zunehmend wichtiger. Es geht nicht mehr nur darum, mathematische Grundfähigkeiten zu erwerben, sondern Mathematik soll im alltäglichen Umfeld von Schule und Beruf angewendet werden.

3.2 WIE DER WISSENSERWERB ABLÄUFT

Es gibt verschiedene Erklärungsmodelle darüber, wie Wissen abläuft. Aus der Perspektive des aktiven Tuns sind sichtbare und nachvollziehbare Lernaktivitäten Grundbedingung für den Wissenserwerb. Gemäß der operanten Konditionierung von Skinner erhalten Schüler eine Gelegenheit, ein bestimmtes Verhalten zu zeigen, und bekommen dafür sofort eine Rückmeldung. Ein Beispiel wäre der Einsatz von Computerprogrammen im Unterricht, die sofort nach der Eingabe der Lösung reagieren. Vielen gilt diese Perspektive als veraltet, da es im modernen Setting vor allem um die Vernetzung geht. Es gibt allerdings auch zeitgemäße Ansätze. Darunter fallen gemeinsames Lösen von Problemen, der fachliche Diskurs oder auch die Manipulation von Lernmitteln. Der Oberbegriff lautet Konstruktivismus. Ebenfalls in diesem Kontext berücksichtigt werden muss das sogenannte "träge Wissen". Dabei handelt es sich um Wissen, das in einem Zusammenhang wie einer Klassenarbeit abgerufen werden kann, aber bei dem kein Transfer in den Alltag stattfindet. Wissen wäre dann nur kontextgebunden, welches bei einer Interaktion von Person und Situation angewendet wird. Wenn Du diese Auffassung weiterdenkst, kommst Du an den Punkt, dass bereits Lernen kontextgebunden erfolgen muss. Wissen wird dann in Aktivitätsmuster eingebaut, die exakt auf bestimmte Situationen passen. Ob das aktive, offene Handeln ausschlaggebend für einen Lernerfolg ist, darf durchaus kritisch gesehen werden. So wurde untersucht, ob Schüler, die sich aktiv am Unterricht beteiligen, mehr lernen als die stillen Kinder. Das war nicht der Fall. Auch das "Lernen durch Lehren", wenn Schüler ihren Mitschülern Stoff erklären, führt nicht automatisch zum Erfolg. Tatsächlich erwarben die Erklärer in Tests deutlich weniger Wissen am Ende als die Schüler, die nur zugehört hatten.

Mit dem Ansatz, dass Zuhören besser als Erklären ist, kann der Ansatz der aktiven Informationsverarbeitung vereinbart werden. Dabei geht es um Aktivitäten, die sich auf den Lernstoff beziehen. Die Grundannahme lautet hier, dass eine Vermittlung des Unterrichtsstoffes nicht ausreicht, sondern viel eher eine aktive Interpretation der Informationen, auf denen Wissen aufgebaut wird, erfolgen muss. Es wird bei der aktiven Informationsverarbeitung angenommen, dass die Verarbeitung von Lernstoff im Arbeitsgedächtnis passiert. Dort ist das an Informationen enthalten, was gerade im Bewusstsein ist. Diese Informationen sind begrenzt. Kommen neue Daten hinzu, werden sie zunächst im Ultrakurzzeitgedächtnis aufgenommen. Von diesen vielen Reizen finden nur einige den Eingang ins Arbeitsgedächtnis. Diese Daten werden erst dann zu Informationen, wenn sie mit vorhandenem Vorwissen interpretiert werden können. Das bedeutet, Du siehst die Dinge nicht, wie Sie sind, sondern erst durch die Interpretation mit Dir bekannten Fakten gibst Du ihnen eine Bedeutung. Außerdem ist der Mensch in der Lage, Informationen aus dem Langzeitgedächtnis in den Arbeitsspeicher zu ziehen. Wenn als erste Fremdsprache Latein gelernt wird und dann im Französischunterricht eine ähnliche Regel auftaucht, werden Gedächtnisinhalte abgerufen und helfen dabei, diese Regel zu interpretieren und zu verstehen. Wenn Vorwissen genutzt wird, um aus neuen Informationsinhalten eine Einheit zu machen, wird das als "Chunking" bezeichnet. Wissen selbst wird gemäß der Perspektive der aktiven Informationsverarbeitung im Langzeitgedächtnis abgelegt. Wenn Wissen "vergessen" wird, ist das dann vergleichbar mit einem Buch, das vorhanden ist, aber gerade verlegt wurde. Daher ist es am besten, verschiedene Zugangswege zu Wissen zu etablieren, indem eine Verknüpfung mit anderen, verwandten Wissensinhalten entsteht. Lernen wäre dann das sprichwörtliche Andocken neuer Informationen an bereits vorhandenes Wissen.

Damit Wissenserwerb EFFEKTIV wird, müssen im Arbeitsspeicher die folgenden BEDINGUNGEN erfüllt sein:

- Interpretation

- Selektion

- Organisation

- Elaboration

- Stärkung

- Generieren

- Planen, Überwachen, Regulation

Um dieses Konzept besser zu verstehen, ist die Cognitive-Load-Theorie nach Sweller von Bedeutung. Hier geht es um die Strukturierung des Arbeitsgedächtnisses. Die Theorie geht davon aus, dass Wissenserwerb erschwert wird, wenn das Arbeitsgedächtnis über Gebühr belastet wird. Zum Beispiel, wenn es nur schlecht möglich ist, eine Grafik oder ein Foto einem Text zuzuordnen, was als extrinsische Belastung bezeichnet wird. Eine hohe intrinsische Belastung entsteht, wenn Lernende mehrere Aspekte zur gleichen Zeit betrachten müssen, wobei die Belastung vor allem vom vorhandenen Wissen abhängt. Wenn der Level von intrinsischer und extrinsischer Belastung zu hoch ist, kommt es zu einer Überforderung. Wissenserwerb wird dann stark beeinträchtigt oder sogar unmöglich.

Doch was bedeuten nun die einzelnen Aspekte des Wissenserwerbs im Arbeitsspeicher?

- Interpretation: Hier kommt es darauf an, wie Vorwissen aktiviert wird. Schüler können Textaufgaben entweder als eine Geschichte auffassen, die ergänzt werden muss oder als Übung für eine Rechenoperation.

- Selektion: An diesem Punkt müssen aus den zahlreichen Sinnesreizen die wichtigsten Informationen gefiltert werden, zum Beispiel die Pro-Argumente in einer Diskussion.

- Organisation: Das bedeutet, einen Zusammenhang zwischen den Informationen herzustellen und Hauptaussagen zu erfassen oder Schaubilder zu verinnerlichen.

- Elaborieren: Neues Wissen wird mit dem Vorwissen in Verbindung gebracht.

- **Stärken:** Wiederholungen wie nochmaliges Lesen oder Aktivitäten, in denen der Lernstoff immer wieder vorkommt, helfen dabei, Gedächtnisinhalte zu etablieren.

- **Generieren:** Beim Lernen werden durch Schlussfolgerungen neue Informationen erstellt.

- **Planen, Überwachen, Regulation:** Im besten Fall planen Lernende und fragen sich beim Wissenserwerb, ob sie alles verstanden haben. Gegebenenfalls steuern sie mit Maßnahmen gegen Lücken und unternehmen alles, um ein besseres Verständnis zu erreichen. So lassen sich Schwierigkeiten bei der Bearbeitung von Problemen überwinden.

Wichtig in diesem Zusammenhang ist, dass es hier um reine Funktionen, aber nicht um Lernstrategien geht. Denn bei Lernstrategien lässt sich häufig nicht zuordnen, welche Funktion jetzt angesprochen wird. Löst Du Dich von diesem Denken, wird Dir klar, dass eine Lernstrategie ganz verschiedene Funktionen aktivieren kann. Auf diesen Mustern baut die Perspektive der fokussierten Informationsverarbeitung auf. Lernende sollen dabei nicht nur Informationen verarbeiten, sondern sich auf die zentralen Punkte konzentrieren. Das ist ein großer Unterschied, wie das Beispiel von interaktivem Lernen am Computer zeigt. Schüler sollen dabei aktiv Eingaben machen oder eine Auswahl treffen und das System reagiert. Gemäß gängigen Auffassungen wird damit eine kognitive Aktivität produziert. Bei empirischen Studien zeigte sich jedoch, dass die Interaktivität nicht zwangsläufig den Lernerfolg fördert. Kurz gesagt, wenn ein Computerprogramm Lernenden zwei Lösungswege zur Auswahl anbietet, steigt damit auch die Anzahl der falschen Lösungen. Viele Schüler weisen auch bestimmten Aspekten eine höhere Bedeutung zu, als es angebracht wäre. Das wird als fehlpriorisierte Konzepte bezeichnet. Eine weitere Fehlerquelle sind zu viele verführerische Details in Lerntexten, die von den Hauptaussagen ablenken. Findet jedoch eine vorausgehende Fokussierung statt, etwa eine allgemeine Diskussion, in der über potenzielle Lösungen und Erklärungen eines Problems gesprochen wird, erhöht das im Nachhinein Lernerfolge aus einem Fachtext. Das bedeutet als Schlussfolgerung, dass es beim Lernen nicht auf die Menge und die Verarbeitung des Stoffes ankommt, sondern darauf, ob die zentralen Konzepte und Prinzipien korrekt fokussiert und somit nachhaltig erworben werden können.

Der Erwerb von Wissen – die wichtigsten Lernformen

Die Auffassung, wie Lernen funktioniert, ist entscheidend für die Gestaltung von Bildungsangeboten. Häufig wird sich nur auf den Begriff "aktives Lernen" fokussiert, was leicht dazu führt, nicht die optimalen Angebote zu machen. In der Pädagogischen Psychologie wird daher die Empfehlung abgegeben, auf fokussierte Verarbeitung bei der Ausarbeitung von Angeboten zu setzen. Um Wissen zu erwerben, stehen ganz unterschiedliche Lernformen zur Verfügung.

Lernen aus und mit Texten

Das Lernen aus Texten im Unterricht oder autodidaktisch spielt traditionell eine große Rolle. Wichtig in diesem Zusammenhang ist die Textoberfläche mit den sprachlichen Details, die Textbasis mit den darin befindlichen Aussagen und das Situationsmodell, bei dem es um das tiefere Verstehen des Textes geht. Die Textoberfläche ist in der Regel nicht das Lernziel, da es nicht darauf ankommt, mit welchen Formulierungen Inhalte vermittelt werden. Gemerkt werden sich Kernaussagen. In manchen Situationen, etwa wenn es um das Auswendiglernen eines Gedichtes geht, ist die Textoberfläche das Lernziel. Bei der Textbasis geht es darum, im ersten Schritt die Kernaussagen aus einem Text zu entnehmen. Aussagen, die von der Formulierung unabhängig sind, werden dabei Propositionen genannt, etwa

"Deutschland ist Fußballweltmeister" oder "Der Fußballweltmeister wurde Deutschland". Vor allem geht es darum, mit einem roten Faden eine sinnvolle Textorganisation zu schaffen. Das gelingt Lernenden nicht zwangsläufig, was manchmal an mangelnder Motivation, einem nicht ausreichenden Vorwissen, aber auch schlechter Textqualität liegen kann. Interessant dabei ist, dass Lernende mit einem entsprechenden Vorwissen stark von suboptimalen Texten profitieren, da sie gefordert werden. Allerdings weisen jüngere Studienergebnisse darauf hin, dass dies auch für andere Leser gilt, die nicht so erfahren oder erfolgreich im Einsetzen von Lernstrategien sind. Inhaltliches Vorwissen hat auf jeden Fall einen guten Einfluss auf das Textlernen. Letztendlich geht es bei Texten darum, sie erfolgreich zu verarbeiten.

Lernen aus Modellen und Beispielen

Lösungsbeispiele wie Rechenwege in der Mathematik sind gute Mittel, wenn es um den Neuerwerb von Fähigkeiten geht. Auch in nicht mathematischen Bereichen zeigt sich, dass Lernen über Beispiele sehr gut funktionieren kann. Es geht bei diesem Prinzip jedoch nicht einfach darum, dass ein Modell vorgestellt wird, nach dem Aufgaben bearbeitet werden. Beim beispielbasierten Lernen werden mehrere Beispiele bearbeitet und somit Verstehen hergestellt, damit Lernende selbstständig Aufgaben aus diesem Lernfeld bearbeiten können. Aufgaben sollten bei dieser Lernart erst dann gegeben werden, wenn die Beispiele vollumfänglich verstanden sind. Das Lernen auf diese Weise funktioniert nicht, wenn die Lösungen Grafiken oder Texte enthalten, die nicht richtig zugeordnet werden können. Die Integration der beiden Quellen nimmt dann so viel kognitive Kapazität ein, dass keine Möglichkeit der Verarbeitung bleibt. Ein Weg, dieses Problem zu umschiffen, bietet der Modalitätseffekt. Eine Quelle wird vorgelesen, die andere visuell verfügbar gemacht. Allerdings lesen viele Lernende Beispiele nur durch und beschäftigen sich nicht mit der Logik der Lösung. Abhilfe schaffen Prompts genannte Leitfragen oder direkte Aufforderungen, sich mit der Lösung auseinanderzusetzen.

Wird sich die Logik von Beispielen bewusst gemacht, wird das als Selbsterklärung bezeichnet. Lernende können auch im Bereich der Selbsterklärung trainiert werden. Da es beim Lernen aus Modellen und Beispielen nur um den Erwerb von Grundfähigkeiten geht, muss bei der Feinabstimmung von Kompetenzen darauf geachtet werden, dass in Aufgaben nach und nach mehr Lücken integriert werden, bis am Ende die vollständige Lösung im Alleingang steht.

Bei der Aufgabenbearbeitung können computerbasierte Systeme helfen. Zu nennen ist hier das Konzept der Cognitive Tutors, das in den USA weit verbreitet ist. Das System ist in der Lage, zu erkennen, welche Regeln ein Schüler für die Lösung von Aufgaben anwendet. Bei falschen Eingaben wird nicht nur ein Fehler angezeigt, sondern es erfolgt auch eine Hilfestellung, die zu dem jeweiligen Problem passt. Integriert in diese Programme ist ein "knowledge tracing", das erfasst, ob der Schüler die Regeln an sich bereits erfasst hat. Die Wahrscheinlichkeit dieser Erfassung wird bei jedem Schritt aktualisiert und der Schüler erhält eine direkte Rückmeldung zu Wissensstand und Lernfortschritt. Das System kann auch weitere Aufgaben vorgeben, die den Erwerb weiteren Wissens unterstützen, bis ein Lernziel erreicht ist.
Üben ist ein Teilbereich des Lernens, der dann beginnt, wenn die grundsätzlichen Fähigkeiten erworben sind. Es geht dann um Stärkung von Kenntnissen, Automatisierung und möglicherweise auch Feinabstimmung. Automatisierung erlaubt es, Aufgaben schnell und ohne Überanstrengung zu erledigen. Das "power law of practice" besagt allerdings, dass Übungseffekte zunächst sehr stark sind und dann abschwächen. Das bedeutet, es bilden sich Leistungsplateaus, die dann überwunden werden, wenn die aktuelle Lernstrategie modifiziert wird. Wenn jedoch nicht mehr geübt wird, fällt das Niveau wieder ab. Um ein bestimmtes Niveau langfristig zu sichern, muss daher über das eigentliche Ziel hinaus gelernt werden. Dabei stellt sich die Frage, ob es sinnvoller ist, in größeren Blöcken oder besser in kleinen Abschnitten zu lernen. Ist es beispielsweise ratsam, Klavier vier Stunden in der

Woche am Stück zu üben oder jeden Tag eine Einheit zu absolvieren? Laut Studien erweist sich gleichmäßig verteiltes Üben als die beste Lösung, um langfristige Erfolge zu sichern. Zu beachten ist ebenfalls, dass Üben in einem Kontext steht. Wenn Lernaufgaben gestellt werden, aus denen sich kein Sinn ergibt, kommen unnötige Verständnisprobleme auf. Beim Üben geht es letztendlich um ein reflektiertes Üben. So ist es nicht sinnvoll, schwere Stellen auf dem Klavier immer wieder zu spielen, sondern sich gezielt daran zu machen, in einer Einheit die Schwachpunkte zu erkennen und diese zunächst zu bearbeiten.

Lernen mittels Erkundens

Bei diesen Lernformen geht es darum, zentrale Ideen und Konzepte selbst zu generieren. Damit ist es möglich, neues Wissen in der eigenen "Datenbank" gut zu verankern. Indem experimentiert wird, entwickeln Schüler zudem ein Bewusstsein für die eigenen Schwachstellen. Außerdem kann Erkunden noch weitere Ziele erschließen. So wird dadurch die Motivation erhöht oder es wird das Lernen besser "gelernt". Erkundendes Lernen wird manchmal mit rezeptivem Lernen in einem Atemzug genannt. Tatsächlich hat erkundendes Lernen rezeptive Phasen, wenn zum Beispiel zwischendurch nach Wissen im Internet gesucht wird. Zu beachten ist, dass der Tiefenerfolg erst dann einsetzt, wenn Lernende die zentralen Konzepte selbst generieren. Außerdem muss eine Anleitung erfolgen, damit entdeckendes Lernen gelingt. De Jong spricht in der pädagogischen Psychologie daher vom "Lernen durch gelenktes Erkunden".

Kooperatives Lernen

Als kollaboratives oder kooperatives Lernen wird die Zusammenarbeit in Kleingruppen bezeichnet. Es geht dabei nicht darum, nur als Kollektiv eine Problemlösung zu erarbeiten, sondern darum, dass jedes Gruppenmitglied erfolgreich lernt. Die Gruppe bietet den Raum, dass Lernende Vorwissen und subjektive Erfahrungen in neue Kontexte setzen können. Weitere positive Nebeneffekte sind eine Stärkung des Selbstwertgefühls, Erwerb weiterer Fähigkeiten sowie die Integration von Außenseitern. Es ist nicht sonderlich effektiv, Schüler einfach nur in der Gruppe Aufgaben erledigen zu lassen. Bei der Vorbereitung muss darauf geachtet werden, Mehrwerte zu schaffen. In der Pädagogischen Psychologie werden daher unter anderem auch Skripte mit kompletten Abläufen einer vorab empirisch untersuchten, erfolgreichen Gruppenarbeit erstellt. Lernen in Gruppen setzt sich unter anderem aus diesen Faktoren zusammen:

- **Soziokognitive Konflikte:** Wenn unterschiedliche Sichtweisen bei einer Gruppenarbeit auftreten, können bei produktivem Vorgehen Wissensstrukturen umgebildet werden.

- **Nächsthöhere Ebene:** Gruppenarbeit gilt als erfolgreich, wenn die Zusammenarbeit ein höheres Niveau erreicht, als es dem Lernenden allein möglich wäre.

- **Kognitive Elaboration:** Gruppenarbeit sollte metakognitive Aktivitäten auslösen. Das bedeutet eine aktive Auseinandersetzung mit dem Thema, indem die eigene Sichtweise erklärt und gerechtfertigt wird. Wer sich erklärt, ist automatisch gezwungen, sein Wissen zu organisieren. Häufig erfolgt auch die Integration bislang nicht verbundener Wissensteile in diesem Prozess. Während des Prozesses des Erklärens ist es zudem möglich, dass eigene Verständnislücken erkannt werden.

- **Argumentativer Diskurs:** Gruppenarbeit kann zu differenziertem Wissen führen, wenn die eigenen Sichtweisen entsprechend ausführlich argumentiert werden. Indem eigene

Positionen erklärt werden, wird die Fähigkeit der Argumentation gestärkt.

Gut zu wissen: Jetzt hast Du einen Überblick erhalten, welche Prozesse aktiv sind, wenn es um den Aufbau von Wissen und Wissensstrukturen geht. Wichtig ist, dass diese Prozesse lediglich Muster sind und nicht von allen Lernenden in gleicher Weise gezeigt werden. Denn neben einem ausreichenden Vorwissen sind die richtigen Lernstrategien, Selbststeuerungskompetenzen und Motivation notwendig. Wenn eine dieser Voraussetzungen nicht gegeben ist, hat die Lernumgebung eine besondere Rolle, was in der Praxis meist der Fall ist. Beispiel: Machen Lernende keinerlei Anstalten, Selbsterklärungen zu nutzen, muss das Material so konzipiert sein, dass Prompts darin unmittelbar zu dieser Aktion auffordern. Alternativ trainiert der Lehrer die Technik der Selbsterklärung im Unterricht. In der Pädagogischen Psychologie ist das Verständnis des Lernens an sich Voraussetzung, um Lehrmaterialien, Arrangements und Unterrichtsstile umfassend beurteilen zu können. Die zentrale Frage lautet hier: Fördern Material oder Unterrichtsstil optimal kognitive Prozesse und ist das Vorgehen in der Lage, dass Schüler sich auf die zentralen Aussagen fokussieren können?

Lerntheorien, Lernformen und die Rolle der Lehrkraft

Traditionell ging es in Bildungsinstitutionen um die Vermittlung von Wissen und des korrekten Verhaltens. Dem Lehrer fiel die Aufgabe zu, Fakten zu vermitteln und somit Erwerb und Abrufen von Wissen zu fördern. Das Ziel war die Wiedergabe von korrekten Antworten in Verbindung mit einem angemessenen Verhalten. Eingesetzt werden in dieser Art Unterricht primär Strategien, die auf Merken und Erinnern abzielen. Es wird gelehrt, erklärt und bei guter Leistung belohnt und bei entsprechend negativen Resultaten getadelt. Zentral ist hier, dass jeder Fehler eine Gefährdung des Fortschrittes darstellt, weshalb alles daran gesetzt wird, genau diese Fehler zu vermeiden. Der Lehrer ist automatisch eine Autorität, die das korrekte Wissen besitzt und eine ebenso richtige Wiedergabe einfordern darf. Beim Feedback auf die Lernleistungen gibt es eine klare Vorgehensweise, die sich ausschließlich an den korrekten Antworten orientiert.

Wenn kognitivistische Ansätze im Vordergrund stehen, geht es darum, Prozeduren und Verfahren zu vermitteln. Der Lehrkraft fällt die Rolle zu, sich auf Übungen und die Problemlösung zu konzentrieren, und sie sucht hierbei den Dialog. Die Strategie richtet sich darauf aus, Lernende zu befähigen, die richtigen Methoden auszuwählen und korrekt anzuwenden. Lehrer zeigen den Weg, beobachten und greifen gegebenenfalls ein. Oberste Priorität hat dabei, dass die Schüler richtige Lösungen erkennen und verstehen. Wissen kann auf diese Weise verarbeitet werden und die richtigen Wege, Antworten zu finden, werden eingeübt. Der Unterricht selbst wird an den Voraussetzungen der Lernenden orientiert. Dabei werden schwache Schüler intensiver gefördert als leistungsstarke Schüler, bei denen sich das Vorgehen auf die Problemlösung konzentriert. Der Lehrer wird zum Tutor, was bedeutet, den Schülern Hilfestellung zu geben, um selbst die besten Lösungen zu erarbeiten. Als Tutor hat der Lehrer außerdem die Aufgabe, ein Feedback zu geben, dass sich an den jeweiligen Lösungsversuchen der Schüler orientiert.

Ein weiteres Modell ist der konstruktivistische Ansatz, bei dem die Lehrkraft sich in Interaktion befindet. Soziale Aspekte stehen im Vordergrund, der Fokus liegt auf einem reflektierten Handeln und Erfinden von Lösungsmöglichkeiten, um auch komplexe Aufgabenstellungen zu bewältigen. Der Lehrer wird zu einer Art Coach, der Strategien vorgibt, die Selbstverantwortung und somit Lebenspraxis fördern. Im Unterricht wird auf eine gemeinsame Umsetzung und Kooperation abgezielt. Wissen ist dabei keine statische Größe, sondern höchst individuell und wird konstruiert. Feedback wird den jeweiligen Schülern aus der Lösung heraus gegeben, denn hier zeigt sich, wie brauchbar im Alltag die Wissenskonstruktion tatsächlich ist.

Schüler verfolgen bei diesem Modell eigene Entwicklungsaufgaben und Lernziele. Es handelt sich dabei um Selbstbildungsprozesse, die vom Lehrer als Coach begleitet werden. So wird ein Schüler autonomer und selbstständiger. Wichtig ist, die entworfene Lösungsidee als eine von vielen zu begreifen. Lösungen und Lösungswege müssen immer im Austausch mit den anderen diskutiert und auch behauptet werden.

4 INTELLIGENZ

Wissen und Lernen werden von den meisten mit Intelligenz verknüpft. Doch was ist Intelligenz eigentlich genau? Der Begriff stammt aus dem Lateinischen und lässt sich mit Erkenntnis oder Einsicht übersetzen. 1911 lautete die allgemeingültige Definition von Intelligenz, es handele sich dabei um eine Fähigkeit, sich an neuartige Bedingungen anzupassen und neuartige Probleme zu lösen. Das bedeutet, Intelligenz zeigt, wie stark eine Fähigkeit ausgeprägt ist, Probleme durch Nachdenken und inneres Handeln zu bewältigen. Das beinhaltet das Lernen aus Erfahrungen und den Wissenstransfer auf neue Situationen. 1957 kam der Aspekt dazu, dass Intelligenz eine Ansammlung von Fähigkeiten sei, die erfolgreiche Menschen kennzeichne. Unintelligentes Verhalten wäre demnach nicht nur ein Indiz erfolgloser Menschen, sondern charakterisiert durch ungesteuertes Handeln und eine verminderte Fähigkeit, aus Erfahrungen zu lernen. Es gibt jedoch auch die simple Auffassung, dass Intelligenz das sei, was ein Intelligenztest messe. Im pädagogischen Umfeld ist häufig noch das Intelligenzmodell nach Piaget anzutreffen. Piaget sieht Intelligenz als eine Folge biologischer Anpassung. Die Umwelt muss Materialien bereitstellen und Problemsituationen schaffen, die das Interesse von Schülern wecken. Damit soll bezweckt werden, eine selbstständige Lösung von Problemen zu erreichen. In der Pädagogischen Psychologie wird hingegen das Konzept der Psychometrik bevorzugt.

PSYCHOMETRIK – INTELLIGENZMODELLE

Die Psychometrie ist ein Teilbereich der Psychologie, in dem mentale Fähigkeiten getestet werden. Zwischen IQ-Tests und der Psychometrie bestehen daher enge Zusammenhänge. Weitere Gebiete sind die Diagnostik der Persönlichkeit und zum Beispiel berufliche Eignungsprüfungen. Daher besteht ebenfalls eine Direktverbindung zu den verschiedenen Testverfahren, die bereits vorgestellt wurden. In den Tests werden relativ statisch geistige Fähigkeiten festgestellt, woraus sich Rückschlüsse auf die Intelligenz eines Menschen ergeben. Typisch ist die sogenannte FAKTORENANALYSE. Aus verschiedenen, relativ kleinen Faktoren werden im Verhältnis viele unabhängige Variablen extrahiert. So kann das zu untersuchende Phänomen in verschiedenen psychologischen Dimensionen beleuchtet werden. Bei derartigen Verfahren können nur Regelmäßigkeiten ausgemacht werden. Psychologen fällt dabei die Aufgabe zu, Interpretationen vorzuschlagen und auch zu belegen. Pionier auf diesem Gebiet war Charles Spearman. Der fand bereits in den 1920er Jahren heraus, dass zwischen den Ergebnissen von Personen in verschiedenen Intelligenztests ein Zusammenhang besteht. Spearman ermittelte daraus den g-Faktor, kurz für Generalfaktor der Intelligenz. Dieser Generalfaktor ist die Grundlage jeder Intelligenzleistung. Zu jedem Bereich werden bestimmte Fähigkeiten zugeordnet, die Spearman als s-Faktoren notierte. Das bedeutet konkret: Ob ein Rechentest erfolgreich beendet wird, hängt zum einen von der grundlegenden Intelligenz ab, aber auch von bestimmten Fähigkeiten auf diesem Gebiet. Auf der Suche nach dem g-Faktor wurden MRT-Aufnahmen angefertigt. Es stellte sich heraus, dass Menschen, die über eine hohe Intelligenz verfügen, in bestimmten Arealen des Gehirns mehr Hirngewebe aufweisen als Menschen, die eine eher niedrige allgemeine Intelligenz haben.

Raymond Cattell stellte 1963 fest, dass sich die allgemeine Intelligenz in zwei verschiedene Komponenten zerlegen lässt. Er prägte dafür die Begriffe KRISTALLINE UND FLUIDE INTELLIGENZ:

- **Kristalline Intelligenz:** Das Wissen, das ein Mensch erworben hat, in Kombination mit der Fähigkeit, auf diese Kenntnisse zurückzugreifen. Gemessen werden kann kristalline Intelligenz mit Rechentests, Wortschatztests und Tests zum Allgemeinwissen. Fluide Intelligenz gibt dem Menschen die Fähigkeit, abstrakte und neue Probleme anzugehen.

- **Fluide Intelligenz:** Bei dieser Form der Intelligenz geht es um die Problemlösung und die Fähigkeit, in komplexen Zusammenhängen zu denken und diese zu erkennen. Gemessen wird mit räumlichen Anordnungen und Matrizenaufgaben. All diese Testverfahren erfordern logische Schlussfolgerungen. Das notwendige Hintergrundwissen muss aus der Aufgabenstellung erkannt werden. Kristalline Intelligenz ist gefragt, wenn es um konkrete und wiederkehrende lebenspraktische Aufgaben geht.

J.P. Guilford griff zur Analyse der Intelligenz auf eine Faktorenanalyse zurück. Damit untersuchte er die Anforderungen von verschiedenen Aufgaben, bei denen ein direkter Zusammenhang zur Intelligenz besteht. Das von ihm konzipierte Intelligenzstrukturmodell basiert auf diesen DREI EIGENSCHAFTEN:

- Inhalt oder Art der Information

- Form, in der die Information zugänglich gemacht oder präsentiert wird

- Operation als Art der geistig durchgeführten Aktivitäten

In diesem Modell sind den Ebenen verschiedene Parameter zugeordnet. Auf der Inhaltsebene sind es visuelle, auditorische, symbolische, semantische und behavoriale Inhalte. Auf der Form- und Produktebene finden sich Einheiten, Beziehungen, Klassen und Systeme sowie Transformationen und Implikationen. Daneben werden fünf Arten von Operationen unterschieden: konvergente und divergente Produktion, Evaluation, Kognition und Gedächtnis. Jede Art von Informationsprozess lässt sich anhand der beteiligten Parameter identifizieren. Das Modell selbst ist in Würfelform gestaltet. Damit ist es möglich, dass jeder Würfel innerhalb des Modells eine Kombination aus Inhalt, Produkt und Operation ergibt und somit eine eigene, klar definierte geistige Fähigkeit darstellt. So kann beispielsweise ein Wortschatztest die Kognition auf der Basis von semantischen Inhalten erfassen. Geht es darum, das Tanzen zu erlernen, muss ein Würfel gewählt werden, der eine Kapazität für behavoriale Systeme erfasst. Kurz gesagt, lässt sich dieses Modell auch mit dem chemischen Periodensystem der Elemente vergleichen. Guilford hatte sein Modell Anfang der 1960er Jahre aufgestellt. Damals waren rund 40 geistige Aktivitäten bekannt. Die moderne Forschung konnte mittlerweile über 100 Aktivitäten nachweisen, was Guilfords Modell bestätigt. Der Intelligenzbegriff und das Intelligenzkonzept wurden seitdem vielfach diskutiert und kontinuierlich erweitert. Heute geht man davon aus, dass Intelligenz viel mehr ist als nur das Ergebnis der klassischen IQ-Tests.

Neuere Methoden gehen deutlich über die Messung des IQs heraus. Robert Sternberg stellt 1999 seine allgemeine Intelligenztheorie auf. Dabei betont er die Rolle, die kognitive Prozesse bei der Problemlösung spielen. Seine triarchische Intelligenztheorie besteht aus drei Teilen. Mit den drei Intelligenzarten analytische, kreative und praktische Intelligenz kann effiziente Leistung auf verschiedene Arten charakterisiert werden:

Analytische Intelligenz ist die grundlegende Fähigkeit der Informationsverarbeitung, mit der Aufgaben im Alltag bewältigt werden. Bei dieser Art der Informationsverarbeitung kommt es auf Wissenserwerbskomponenten an, um neue Fakten zu erlernen, sowie Ausführungskomponenten, mit denen Strategien und Techniken der Problemlösung gemeint sind. Metakognitive Komponenten werden eingesetzt, um die jeweilige Strategie auszuwählen und Fortschritte sowie Lösungen zu überwachen. Wie diese Anwendung der Komponenten funktioniert, wird einfach am Beispiel von Anagrammen erfahrbar. Hier sind zur Lösung zunächst vor allem Ausführungskomponenten gefragt, mit denen die Buchstaben im Kopf manipuliert werden. Ergänzt wird das von metakognitiven Komponenten, die eine Strategie vorgeben. Als Beispiel sei die Kombination M-R-U-M-K angeführt. Eine Strategie könnte sein, zunächst die Konsonantenkombinationen auszuprobieren, die in der deutschen Sprache häufig auftreten, in diesem Fall KR. MR oder KM wären beispielsweise unwahrscheinlich. Wenn Du versuchst, die Bestandteile zu betrachten und in ein Wort zu verwandeln – hier KRUMM – können Forscher daraus die Prozesse ableiten, die für einen unterschiedlichen IQ verantwortlich sind. Ersichtlich wird, dass Personen mit einem hohen IQ andere Lösungsstrategien verwenden als Menschen mit einem niedrigen IQ. Das bedeutet, die Wahl der Strategie ist für die größere Kompetenz bei der Problemlösung verantwortlich, wenn Menschen einen hohen IQ haben.

Kreative Intelligenz lässt sich mit der Kompetenz beschreiben, bei der Problemlösung mit Extremen umzugehen. Hier geht es darum, neue Aufgaben mit routinierten Tätigkeiten abzugleichen. Stell Dir vor, eine Gruppe hat sich im Wald verirrt. Der Intelligenteste in der Gruppe wäre die Person, der es gelingt, die anderen am schnellsten wieder auf den richtigen Weg zurückzubringen. Kreative Intelligenz kann sich aber auch im Umgang mit Routineaufgaben spiegeln. Wenn täglich eine gleiche Aufgabe verrichtet werden muss, zum Beispiel die Bearbeitung standardisierter Verwaltungsvorgänge, wäre die Person am intelligentesten, die es schafft, ihre Arbeit mit möglichst wenig neuer Denkarbeit zu erledigen und ihr Wissen einfach schnell abruft.

Praktische Intelligenz richtet sich danach, wie gut Alltagsprobleme koordiniert werden können. Dabei handelt es sich um die Fähigkeit, sich möglichst optimal an neue und veränderte Situationen anzupassen. Umstände müssen als geeignet identifiziert werden und die Umwelt entsprechend danach gestaltet werden. In der Umgangssprache wird praktische Intelligenz zuweilen als "Bauernschläue" bezeichnet. Dabei geht es letztendlich genau darum: Mit möglichst wenig Aufwand zu einer sehr effizienten Lösung zu kommen.

Auch Howard Gardner stellte ab 1983 eine Intelligenztheorie auf, bei der es um mehr als nur die Definition via IQ-Test geht. Der Wissenschaftler benannte verschiedene Intelligenzen, mit denen das gesamte Spektrum menschlicher Erfahrungen abgedeckt wird.

1. Logisch-mathematische Intelligenz: Personen, die ein gutes Gespür für numerische und allgemein logische Muster haben und diese hervorragend unterscheiden können. Außerdem ist die Fähigkeit gegeben, mit Ketten von Schlussfolgerungen adäquat umzugehen.

2. Linguistische Intelligenz: Diese Intelligenzform zeichnet Menschen aus, die einen guten Umgang mit Sprache haben, mit dieser funktional hervorragend umgehen und ein Gespür für Bedeutungen, Sprachrhythmen und Laute allgemein haben.

3. Naturalistische Intelligenz: Typisches Berufsbild wäre ein Biologe, der einen guten Umgang mit Lebewesen hat und die

Unterschiede zwischen den einzelnen Lebensformen gut erfassen kann.

4. Musikalische Intelligenz: Menschen, die mit unterschiedlichen Formen des musikalischen Ausdrucks souverän umgehen und in der Lage sind, Rhythmus, Ton und Klang korrekt und ansprechend zu produzieren.

5. Räumliche Intelligenz: Präzise Wahrnehmung visueller und räumlicher Eindrücke, Gespür für Veränderungen ursprünglicher Formen und Wahrnehmungen.

6. Kinästhetische Intelligenz: Hierbei geht es um Körperbeherrschung, die Kontrolle von Bewegungen und das geschickte Hantieren mit Objekten.

7. Interpersonale Intelligenz: Die Kompetenz, Stimmungen, Emotionen, Charakter, Motive und Wünsche anderer Menschen zu erkennen und entsprechend darauf zu reagieren.

8. Intrapersonale Intelligenz: Diese Menschen kennen ihre eigenen Stärken und Schwächen und sind sich ihrer Intelligenz und ihrer Sehnsüchte sowie Motivationen bewusst. Der Zugang zu der eigenen Gefühlswelt und die Fähigkeit, Emotionen zu unterscheiden, werden eingesetzt, um das Verhalten zu steuern.

Die Wertschätzung dieser Intelligenzformen unterscheidet sich je nach Gesellschaft. Maßstab ist das, was in der Gesellschaft als nützlich betrachtet wird, gerade gebraucht wird oder generell in hohem Ansehen steht. Laut Gardner sind westliche Gesellschaften vor allem auf die logisch-mathematische und die linguistische Intelligenz fokussiert. In anderen Teilen der Welt werden andere Bereiche geschätzt.

So ist es auf einigen Inselgruppen im Pazifik wie den Karolinen üblich, dass Steuermänner in der Lage sein müssen, ihre Strecken auch ohne Karten zu navigieren. Zum Einsatz kommen die räumliche und die kinästhetische Intelligenz. Die Gesellschaft schätzt diese Art der Intelligenz mehr als die Fähigkeit, ein Musikstück zu spielen oder ein Buch zu schreiben. Anders sieht das zum Beispiel auf der Insel Bali aus, wo künstlerische Darbietungen wie das Schattenspiel oder der Tempeltanz Teil des alltäglichen Lebens sind. Daher werden Talente wie Musik und Tanz besonders wahrgenommen. Ostasiatische Länder wie Japan und China schätzen sehr die zwischenmenschliche Intelligenz, bei der es auch darum geht, die Bedürfnisse des Einzelnen denen der Gesellschaft unterzuordnen und Rücksicht zu nehmen. Eine Intelligenzdiagnostik nach Gardner wäre in der Pädagogischen Psychologie mit viel Aufwand verbunden, da die Erhebung nicht einfach nur mit Papier und Stift machbar ist. Eine Testperson muss mit viel Aufwand in einer Vielzahl von Situationen des alltäglichen Lebens beobachtet werden. Erst danach können eine Beurteilung und Einschätzung der Intelligenz stattfinden.

Neben den klassischen Erhebungen im Bereich der Intelligenz ist in der Forschung in den letzten Jahren die emotionale Intelligenz in den Blickwinkel gerückt. Hier gibt es eine Überschneidung mit der intrapersonalen Intelligenz, die sich in Gardners Theorie findet. Nach Mayer & Salovey[9] gibt es verschiedene HAUPTKOMPONENTEN DER EMOTIONALEN INTELLIGENZ:

- genaues und angemessenes Wahrnehmen von Emotionen

- Einschätzen und Ausdrücken von Emotionen

---

[9] Salovey, P.; Mayer, J. D. (1990): Emotional Intelligence. In: Imagination, Cognition and Personality, Vol. 9 (2), S. 185-211

- der Einsatz von Emotionen zur Unterstützung von Denkvorgängen

- die Kompetenz, Emotionen zu verstehen und zu analysieren

- der effektive Einsatz von emotionalem Wissen

- die Fähigkeit, die eigenen Emotionen zu regulieren, um damit emotionales, aber auch intellektuelles Wachstum zu fördern

In diesem Ansatz zeigt sich auch ein neues Verständnis für den Einfluss von Emotionen auf intellektuelle Leistungen. Wenn Menschen intelligent über ihre Emotionen und die anderer Personen nachdenken, können Emotionen auch das Denken insgesamt verbessern. Mittlerweile liegen zahlreiche Forschungsergebnisse vor, anhand derer die wichtige Auswirkung der emotionalen Intelligenz auf den Alltag ersichtlich wird. Wahrscheinlich kennst Du selbst Menschen, auf die einzelne oder mehrere Komponenten der emotionalen Intelligenz zutreffen. Dir wird aufgefallen sein, dass einige über mehr Fähigkeiten als andere verfügen in diesem Bereich. Doch ist das ein Anzeichen dafür, den Alltag mit seinen Anforderungen insgesamt besser zu bewältigen? Slaski & Cartwright[10] haben untersucht, ob die Hypothese zutrifft, dass Menschen mit einer hohen emotionalen Intelligenz Erlebnisse und Stress besser verarbeiten können als andere und sich daher psychisch insgesamt besser aufgestellt fühlen.

Bei den Testpersonen handelte es sich um Manager einer britischen Einzelhandelskette, deren Tätigkeit sich als durchaus anstrengend bezeichnen lässt. Zunächst mussten alle Probanden einen Test absolvieren, der ihren emotionalen Intelligenzquotienten (EQ) bestimmte. Da-

---

[10] Slaski, M.; Cartwright, S. (2002): Health Performance and Emotional Intelligence – An Exploratory Study of Retail Managers. In: Stress and Health, Vol. 18 (2), S. 63-68

nach fand eine Befragung statt, wie es um die Qualität des Arbeitsall-tages, der Arbeitsmoral und der psychischen Belastbarkeit bestellt ist. Im Anschluss bewerteten die Vorgesetzten ihre Manager. Die Teil-nehmer wurden in zwei Gruppen eingeteilt. Diese Einteilung richtete sich nach dem ermittelten EQ, sodass es in der einen Gruppe nur Ma-nager mit hohem und in der anderen mit entsprechend niedrigem EQ gab. Die Ergebnisse zeigten einen deutlichen Unterschied. Alle Ma-nager mit einem hohen EQ waren in der Lage, besser mit Stress um-zugehen. Sie alle verzeichneten eine signifikant höhere Arbeitsmoral und waren zufrieden mit ihrem Arbeitsleben. Das deckte sich auch mit den Einschätzungen der Vorgesetzten. Die schätzten die Manager mit dem hohen EQ als die besseren Mitarbeiter ein. Der Rückschluss ist ebenso simpel wie genial: Menschen mit einem hohen EQ sind resis-tenter gegen Stress und verzeichnen eine höhere Motivation. Damit sind sie auch besser in ihren Berufen. Eine typische Aufgabe in der Pädagogischen Psychologie wäre es, Trainingsprogramme zu erarbei-ten, mit denen sich der EQ verbessern lässt. Bei Managern, aber zum Beispiel auch bei Schülern.

4.2 INTELLIGENZ UND DIE EINFLÜSSE VON VERERBUNG UND UMWELT

Der Psychologe Henry Goddard befürwortete Anfang des 20. Jahr-hunderts einen Ausschluss von Migranten aus den USA, die "geistige Defekte" besitzen. Tatsächlich erließ der US-Kongress 1924 ein Ge-setz, die Einwanderung zu beschränken. Immigranten, die im Hafen New Yorks ankamen, wurden daher Intelligenztests unterzogen. Auch an Migranten, die schon einige Zeit im Land lebten, wurden Tests durchgeführt, wobei einige Nationen wie Italien und Russland, aber auch jüdische Auswanderer als "debil" klassifiziert wurden. Diese Er-gebnisse wurden als eine Überlegenheit west- und nordeuropäischer

Rassen gedeutet. Tatsächlich waren die Migranten aus Süd- und Osteuropa im Gegensatz zu den anderen Einwanderern nicht besonders gut mit der Sprache vertraut, was sich eben in den IQ-Tests zeigte. Die Unterschiede verschwanden nach einigen Jahrzehnten, doch die Theorie, dass Intelligenz ethnisch vererbbar ist, blieb über lange Zeit bestehen. Doch Goddard beschränkte sich ab 1917 nicht nur auf ethnische Unterschiede, sondern stellte auch eine Beziehung von einem niedrigen IQ und moralischer Verwerflichkeit und schlechtem Sozialverhalten her. Testpersonen, die Godards Hypothesen untermauerten, fand er in damals berühmt-berüchtigten Familien. Typisches Beispiel ist die Familie Kallikak, die insgesamt 480 Nachkommen hatte. Goddard stufte 143 von ihnen als "gestört" und nur 48 als "normal" ein. Es kam in dieser Familie zu Alkoholismus, Verbrechen und auch Analphabetismus trat häufig auch. Als es zu einer neuen Ehe mit einer von Goddard als "gut" klassifizierten Frau in der Familie kam, gab es von 496 Nachkommen nur drei als "gestört" geltende. Einige Nachkommen wurden von Goddard auch als "bedeutend" eingestuft, was zu seiner Schlussfolgerung führte, dass Intelligenz erblich bedingt ist. Seine Thesen wurden von Intelligenztests der US-Army gestützt, die im Ersten Weltkrieg ermittelt hatten, dass Afroamerikaner und andere ethnische Minderheiten durchschnittlich schlechtere Ergebnisse als die weiße Mehrheitsbevölkerung erzielten. Sämtliche Thesen von Goddard und Zeitgenossen gelten heute als unwissenschaftlich. Trotzdem gibt es nach wie vor signifikante Unterschiede im Vergleich ethnischer Gruppen. Daher ist es erforderlich, auch die Rolle der Umwelt mit einzubeziehen, wenn es um das Thema Intelligenz geht.
Inwieweit lässt sich bestimmen, ob Intelligenz genetisch bedingt ist? Die Antwort auf diese Frage setzt zum einen ein Maß an Intelligenz voraus, außerdem müssen die Einflüsse von Genen und Umgebung getrennt werden. Meistens werden eineiige und zweieiige Zwillinge sowie nahe Verwandte miteinander verglichen. Die Ähnlichkeit der IQs ist umso größer, je näher der Verwandtschaftsgrad ist. Einen Unterschied gibt es jedoch auch bezüglich des gemeinsamen Aufwach-

sens. Denn diese ist auch höher, wenn Zwillinge gemeinsam aufwachsen im Gegensatz zu einer Kindheit in getrennten Familien, bei einem Elternteil oder Pflegeeltern. Derartige Vergleiche werden genutzt, um die Vererbung des IQs abzuschätzen. Bei diesen Schätzungen muss allerdings eine Variabilität in den Testwerten berücksichtigt werden. Diese wird kalkuliert, indem die Testwerte einer bestimmten Gruppe (zum Beispiel Studenten) ermittelt werden und dann mit der durch genetische oder ererbte Faktoren der Gesamtvarianz erklärt werden. Als Ergebnis lässt sich zusammenfassen, dass etwa 50 % Varianz des IQ-Wertes genetisch erklärbar ist. Die Erblichkeit des IQs wächst mit zunehmendem Alter. Mit sechs Jahren sind es 40 %, im frühen Erwachsenenalter 60 % und im späteren Lebensalter sogar 80 %. Das überrascht, denn die meisten Menschen sind davon überzeugt, dass Umwelteinflüsse mit dem Alter zunehmen. Forscher haben dafür die Erklärung, dass die genetischen Anlagen dafür sorgen, den Menschen in eine Umgebung zu führen, in der diese Merkmale stärker herausgebildet werden, was den Anstieg der Erblichkeit im Laufe des Lebens erklärt.[11]

Diese Art der Analyse wirft Kontroversen auf. Um auf die Testwerte von weißen und farbigen Amerikanern zurückzukehren: Hier war eine große Differenz der Werte zu beobachten, die sich mittlerweile angeglichen haben. Das legt Umwelteinflüsse nahe, doch gibt es bis in die 1990er Jahre hinein Forscher, die genetische Unterschiede zwischen den einzelnen Rassen vermuten. Auch wenn der IQ bis zu einem gewissen Grad erblich ist, handelt es sich dabei nur um Schätzungen innerhalb einer Gruppe. Damit ist es nicht möglich, den gesamten IQ einer Gruppe zu interpretieren, da es sich lediglich um Durchschnittswerte innerhalb einer Population handelt. Das ist vergleichbar mit der Körpergröße. Hier weiß man, dass die Erblichkeit um die 90 % beträgt, aber trotzdem lässt sich nicht präzise sagen, wie hoch die genetischen Faktoren dabei sind. Auch beim IQ kann der exakte genetische

---

[11] Hasselhorn, M.; Schneider, W. (Hrsg.) (2007): Handbuch der Entwicklungspsychologie, Göttingen: Hogrefe Verlag

Beitrag nicht bestimmt werden. Außerdem sind die Unterschiede zwischen beiden Gruppen deutlich kleiner als die Abweichungen beim IQ innerhalb der jeweiligen Gruppe. Interessant sind in diesem Kontext Studien, die an deutschen Kindern durchgeführt wurden, deren Väter als US-Soldaten in Deutschland stationiert waren. Es ergab sich kein Unterschied im IQ zwischen Kindern mit weißen und farbigen Vätern. In Mischehen war der IQ der Kinder dann höher, wenn ein hoher Beitrag zur intellektuellen Sozialisation eines Kindes von einer weißen Mutter geleistet wurde. Ein genetischer Einfluss ist hier ausgeschlossen, da jedes Elternteil zu gleichen Anteilen zu den Genen der Nachkommen beiträgt. Die Vererbung spielt daher nur eine Rolle, die im Gesamtkontext von Intelligenz interessant ist, aber kein grundlegendes Erklärungsmodell für IQ-Unterschiede liefert.

Die zentrale Fragestellung lautet, welchen Einfluss die Umwelt auf den IQ hat. Eine Umgebung ist ein vielseitiges Gebilde, das von den physischen als auch sozialen Dimensionen her ganz unterschiedliche Aspekte hat und auch von einzelnen Personen ganz unterschiedlich erlebt werden kann. Geschwister innerhalb einer Familie können sehr verschiedene psychologische Erfahrungen machen. Einige Kinder reagieren ganz sensibel auf Streit der Eltern, andere leiden unter persönlichen oder finanziellen Belastungen. Eine Umwelt ist immer dynamisch, was bedeutet, sie verändert sich ständig. Es ist daher schwierig, in der Pädagogischen Psychologie Aussagen zu treffen welche Umweltbedingungen in welchem Maß einen Einfluss auf den IQ haben. Die Forschung konzentriert sich daher meist auf global leicht nachvollziehbare Parameter wie den sozioökonomischen Status einer Familie.

Tatsächlich zeigte sich in Langzeitstudien mit über 25.000 Kindern, dass ein hohes Ausbildungsniveau der Mutter und der sozioökonomische Status der Eltern die besten Bedingungen für den kindlichen IQ im Alter von vier Jahren sind. Das zeigte sich unabhängig von ethnischen Hintergründen. Auch im deutschen Bildungssystem gibt es einen großen Zusammenhang von schulischer Leistung und sozialer Herkunft, vor allem bei Teenagern. Als weitere Faktoren für einen eher niedrigen IQ kommen ein niedriges Geburtsgewicht, ein schlechter Gesundheitszustand und eine mangelhafte Ernährung in Betracht. In sozial schwachen Familien werden außerdem nur selten intellektuelle Anreize wie Bücher oder eine kulturelle Förderung geboten. Da es bei vielen Familien, vor allem bei Alleinerziehenden, ums Überleben geht, bleibt nur wenig Zeit, Kinder ganzheitlich zu unterstützen. Das dokumentiert sich auch zum Nachteil der Kinder in IQ-Tests. In den USA ging schon vor 40 Jahren mit "Headstart" ein Programm an den Start, das in einkommens- und bildungsschwachen Schichten Hilfe zur Selbsthilfe geben sollte. Es ging vor allem darum, die Umgebung, in der Kinder aufwachsen, durch Bildungs- und Gesundheitsangebote zu optimieren.

1962 begann ein Programm in einer Vorschule in Ypsilanti, Michigan.[12] In dem Programm ging es um Kinder im Alter von 3 und 4 Jahren aus einkommensschwachen Familien, bei denen es bereits Anhaltspunkte für ein Schulversagen gab. Kinder wurden zu eigenen Aktivitäten und zu Unternehmungen in der Gruppe ermutigt und es gab parallel ein Programm für die Eltern. Der Lebensweg der Schüler wurde über 40 Jahre lang verfolgt. Es zeigte sich, dass die Schüler aus dem Projekt einen höheren IQ hatten als Altersgenossen, die nicht daran teilgenommen hatten. Die besseren Werte wurden bei den teilnehmenden Kindern bereits im Alter von fünf Jahren erreicht. Auch traten häufiger höhere Bildungsabschlüsse auf und die Testteilnehmer arbeiteten später in gut bezahlten Berufen. Aus anderen Studien, die nach einem vergleichbaren Konzept gearbeitet hatten, ergaben sich identische Resultate. In Chicago erzielten Vorschüler aus Förderungsprogrammen nach 15 Jahren exakt dieselben Leistungen wie Kinder aus

---

[12] Schweinhart, L. J.; Montie, J.; Xiang, Z.; Barnett, W. S; Belfield, C. R; Nores, M. (2005): Lifetime effects – The High/Scope Perry Preschool study through age 40, Ypsilanti, MI: HighScope Press

privilegierten Familien. Aus diesen Studien kann die Pädagogische Psychologie wichtige Impulse für die Rolle der Umwelt bei der intellektuellen Entwicklung gewinnen.

Doch warum sind die IQ-Werte in der Forschung so zentral? Auch hier liefern Studien wertvolle Ergebnisse. Denn die zeigen, dass der IQ es ermöglicht, exakte Vorhersagen für die Schullaufbahn bis zum Abschluss zu treffen. Aus den Ergebnissen lässt sich ferner ablesen, dass die Messung intellektueller Leistungen ein Indikator für diverse Arten von Erfolg ist. Die Ergebnisse können eine Laufbahn auch indirekt beeinflussen. Kinder mit einem hohen IQ verfügen über eine grundlegende Motivation, sind leistungsorientierter und haben damit mehr Erfolge. Dadurch verfügen sie über einen Grundoptimismus, es im Leben zu etwas zu bringen. Ein niedriger IQ führt meist dazu, dass Kinder in weniger gute Schulen gehen und das Gefühl der Stigmatisierung früh kennenlernen. Dadurch vertraut es seinen eigenen Kompetenzen nicht. Auch hier zeigt sich wieder, dass die Umwelt den IQ langfristig beeinflusst. Eine IQ-Messung kann daher über Schicksale entscheiden. Im Alltag werden IQ-Tests daher regelmäßig eingesetzt, dabei darf die Validität durchaus infrage gestellt werden. Denn viele Testformen und die Art der Durchführung passen nicht zwangsläufig zu kulturellen Vorstellungen von Intelligenz. In manchen Kulturen ist es beispielsweise üblich, dass Jüngere den Älteren respektvoll zuhören. Diese Zurückhaltung kann zu einer schlechten Beurteilung führen, wenn Kinder außerhalb ihrer Kultur aufwachsen. Das bedeutet, Migrantenkinder müssten lernen, wie sie sich in ihrer Schule korrekt zu verhalten haben, um nicht durch das Raster zu fallen. Das führt zu dem Vorwurf, IQ-Tests seien nicht neutral. Kritiker führen weiter an, es würden Verzerrungen zugunsten der Mehrheit entstehen, was die Tests für Minderheiten nicht valide macht. Es zeigte sich jedoch, dass auch vom kulturellen Kontext befreite Tests ähnliche Unterschiede zeigen. Das legt den Verdacht nahe, dass es um den Kontext des Tests geht und nicht um den IQ-Test selbst. Denn Teilnehmer könnten sich bedroht fühlen, dass sie mit ihrem Ergebnis ein typisches Vorurteil über ihre Gruppe bestätigen. Das bedeutet, eine schlechte Leistung kann daher aus der Angst resultieren, diesem Stereotyp zu entsprechen. Merke Dir: Es kommt in jedem IQ-Test letztendlich darauf an, wie ein Teilnehmer die Situation für sich erlebt. Wenn er glaubt, die Testsituation stehe in einem Zusammenhang mit einem typischen Vorurteil, kann genau diese Annahme die Leistung verschlechtern.

Wie das konkret aussieht, zeigt ein Stereotyp aus den USA. Ein Forscherteam hatte über Jahre die Leistungen in Mathematik von amerikanischen, chinesischen und japanischen Kindern erfasst. Im Jahr 1980 zeigten sich die chinesischen und japanischen Schüler deutlich überlegen. Das war auch im Jahr 1990 nicht grundlegend anders. Sind Asiaten daher intelligenter? Interessant ist, dass eine Mehrheit der US-Bürger dieser Aussage zustimmen würde. Die Forscher befragten daher Schüler, Lehrer und Eltern, Intelligenz und Fleiß gegeneinander abzuwägen. Asiaten betonten den Fleiß, Amerikaner hingegen die Intelligenz. Hier zeigt sich, woher die Annahme, Asiaten seine intelligenter, tatsächlich ihre Wurzeln hat. Daher ist es in der Pädagogischen Psychologie immens wichtig, bei intellektuellen Leistungen nach den Dingen zu schauen, die verändert werden können und welche nicht veränderbar sind.

Zum Abschluss ist auch dieses Fallbeispiel aus den USA von Interesse. In einer Studie wurden sprachliche Aufgaben von weißen und farbigen Schülern gelöst. Den farbigen Probanden wurde erklärt, dass mit dem Ergebnis eine Aussage über die Intelligenz des Teilnehmers getroffen werden kann. Die andere Hälfte war der Meinung, es gehe bei dem Test lediglich darum, die Fähigkeit der Problemlösung zu ermitteln. Gemäß der Erfahrung mit Vorurteilen ist anzunehmen, dass die "Androhung" der Intelligenzmessung eine schlechtere Leistung hervorruft, da es sich hierbei um einen Stereotyp handelt. In diesem konkreten Fall: Die farbigen Studenten schneiden schlechter ab. Die Ergebnisse bestätigten das. Die Bedrohung durch Stereotype hat allerdings nicht mit der Ethnie zu tun, sondern lässt sich auf jede Gruppe übertragen. Zum Beispiel gibt es das Vorurteil, dass Mädchen mathematisch nicht so begabt sind. Dieser Stereotyp erfüllt sich in Tests aber nur dann, wenn den Mädchen vor einem Test erklärt wird, sie seien generell schlechter als Jungen. Das haben Tests in der Vergangenheit gezeigt. Diese Tests produzierten tatsächlich Geschlechtsunterschiede. Unterblieb diese Erklärung, gab es keine Leistungsunterschiede zwischen Mädchen und Jungen.

4.3 INTELLIGENZ UND KREATIVITÄT

Gerade in den letzten Jahren wird im Themenbereich der Intelligenzdiagnostik innerhalb der Pädagogischen Psychologie auch die Kreativität miteinbezogen. Doch was ist Kreativität? Dabei handelt es sich laut der Definition von Sternberg & Lubart[13] um die Fähigkeit, neuartige Ideen und Produkte zu erschaffen, die den Umständen, unter denen sie erdacht wurden, angemessen sind. Um dieses Konzept zu verstehen, versetzt Du Dich hinein in die Zeit, in der das Rad erfunden wurde. Das Rad war nur deshalb neu, weil vorher niemand auf die Idee gekommen war, welches Potenzial in rollenden Objekten für Transport, Technik und Alltag stecken könnte. Das Rad war angemessen im Sinne der Definition, da klar war, in welchen Bereichen es zum Einsatz kommen konnte. Wenn es keinen Kontext gibt, in denen eine neue Erfindung eingesetzt werden kann, wird sie häufig als irrelevant oder nutzlos betrachtet. Die meisten Menschen stellen automatisch einen Zusammenhang zwischen Kreativität und Intelligenz her. Doch um die Zusammenhänge zu verstehen und zu untersuchen, muss es möglich sein, Kreativität zu testen.

---

[13] Sternberg, R. J.; Lubart, T. I. (1991): An Investment Theory of Creativity and Its Development. In: Human Development, Vol. 34 (1), S. 1-31

Im ersten Schritt geht es darum, überhaupt festzustellen, ob und wann eine Idee oder ein Produkt kreativ ist. Erst danach bietet es sich an, einen Zusammenhang zur Intelligenz herzustellen und im letzten Schritt zu schauen, ob an der Aussage "Genie und Wahnsinn liegen dicht beieinander" ein Funken Wahrheit steckt. Ist es eventuell sogar möglich, von außergewöhnlich kreativen Menschen etwas zu lernen, das sich auf den Bildungsprozess übertragen lässt? Wenn Du beurteilen möchtest, ob Du es mit einem kreativen, relativ kreativen oder eher unkreativen Menschen zu tun hast, wirst Du Dich vermutlich wie die meisten Ansätze in der Wissenschaft auf das divergente Denken konzentrieren. Damit ist die Möglichkeit gemeint, schnell eine Vielzahl von teils auch ungewöhnlichen Lösungen zu finden. In einem Test können daher Fragen, die auf das divergente Denken abzielen, gestellt werden. Typische Beispiele sind:

- **Nenne alle viereckigen Dinge, die Dir einfallen!**

- **Zähle innerhalb von zwei Minuten alles auf, was man trinken kann!**

- **Benenne alle Verwendungsmöglichkeiten für einen Kleiderbügel, die Dir einfallen!**

Antworten werden entweder nach der Gesamtzahl der voneinander zu unterscheidenden Ideen, der Einzigartigkeit, weil keine andere Person im Test diese Idee hatte, oder nach der Ungewöhnlichkeit bewertet, womit gemeint ist, dass weniger als 5 % der Teilnehmer dieselbe Idee hatten. Auf diese Art gemessen, werden Ergebnisse geliefert, die sich mit den Resultaten aus anderen Tests vergleichen lassen. Häufig wird die Beziehung zwischen IQ und divergentem Denken untersucht. Daraus ergab sich ein charakteristisches Muster: Es existiert eine schwache bis mäßige Beziehung von IQ und Kreativität bis zu einem Wert von 120, darüber hinaus nicht mehr. Es scheint so, als ob Intelligenz bis zu einem gewissen Grad die Kreativität ermöglicht, sie aber nicht weiter fördert. Das würde bedeuten, eine solide Grundintelligenz gibt einem Menschen die Gelegenheit, kreativ zu sein, doch wird dieses Potenzial allenfalls mäßig genutzt. Es gibt allerdings auch kritische Stimmen, die eine zu nahe Verortung der Kreativitätsbestimmung an der Intelligenzdiagnostik sehen, was die Beziehung bis zum IQ von 120 erklären würde. Ein anderer Ansatz wäre es, die Testpersonen zu bitten, etwas Kreatives zu schaffen. Das kann ein Bild sein, ein Gedicht, ein kleiner Text oder auch eine musikalische Improvisation. Auswerter nehmen dann eine Bewertung der kreativen Leistung vor. Interessanterweise fallen die Meinungen über den Grad der Kreativität bei verschiedenen Beurteilern recht einheitlich aus. Daher ist es möglich, eine Person relativ sicher als kreativ oder wenig kreativ einzustufen.

Einige Menschen sind derart kreativ, dass sie jegliche Messskala sprengen würden. Wahrscheinlich fallen auch Dir solche Personen ein. Je nachdem, wo Deine Interessensgebiete liegen, nennst Du einen Künstler, einen Musiker, einen Regisseur, einen Wissenschaftler oder einen Schriftsteller. Vermutlich fragst Du Dich, ob es möglich ist, ob es bei solchen außergewöhnlich kreativen Menschen Gemeinsamkeiten gibt, aus denen sich dieses Talent ableiten lässt. Gardner, der das Modell der acht verschiedenen Intelligenzarten geprägt hat, suchte sich verschiedene als kreativ geltende Köpfe aus. Darunter Sigmund Freud, Pablo Picasso und Igor Strawinsky. Gardner erstellte aufgrund seiner Analyse einen Prototyp des Kreativen namens E.K. Die fiktive Person entdeckt etwas, was ihm einen Vorstoß in ein ganz neues Gebiet gestattet. Das führt dazu, von den Kollegen abgeschnitten zu sein. Probleme treten in dem Moment auf, als E.K vor einer Art Durchbruch mit dem Projekt steht und kognitive sowie emotionale Unterstützung möchte. Ohne diesen Support bestünde die Gefahr eines Zusammenbruchs. Doch was bedeutet das, wenn Du Deine eigene Kreativität steigern möchtest? Kreative sind bereit, für Leistungen viel zu riskieren. Sie investieren viel Zeit und Mühe, um Kompetenzen in ihrem Bereich zu erarbeiten. Entscheidend ist die intrinsische Motivation, was bedeutet, außergewöhnlich Kreative gehen mit Leidenschaft an die Sache und ziehen Genuss aus ihrer Tätigkeit. Das heißt, wenn Du diese Fähigkeiten in Dein Leben integrieren kannst, sollte es Dir möglich sein, Deine Kreativität zu steigern.

Es stellt sich zuletzt die Frage, ob Kreativität und Wahnsinn in einer nachweisbaren Beziehung zueinanderstehen. Die Vorstellung einer Verbindung besteht schon seit der Antike. In jüngerer Zeit kam die Theorie auf, dass manisch-depressive Menschen oder Patienten mit einer bipolaren affektiven Störung in der Lage sind, in manischen Phasen Perioden großer Kreativleistungen zu erleben. Tatsächlich litten viele Künstler und Schriftsteller an affektiven Störungen, doch konnten Studien keinen wirklichen Zusammenhang zwischen Kreativität und einer psychischen Erkrankung zutage fördern. Es ist zwar alles andere als unmöglich, dass bestimmte Phasen während einer manischen Episode Kreativität fördern, doch genauso ist es denkbar, dass kreatives Schaffen die Anfälligkeit für eine psychische Erkrankung erhöht. Außerdem wäre denkbar, dass es im Gehirn Konstellationen gibt, die Menschen kreativ und gleichzeitig anfällig für psychische Erkrankungen machen, obwohl kein kausaler Zusammenhang ermittelt werden kann. Abschließend zu diesem Bereich lässt sich sagen, dass Du in der Pädagogischen Psychologie weniger mit der Kreativitätsforschung beschäftigt sein wirst. Allerdings ist es wichtig, auch hier grundlegende Konzepte zu kennen, da es durchaus Fragestellungen gibt, in denen sich die Themenbereiche Kreativität und Intelligenz berühren.

5 HOCHBEGABUNG

Dem Phänomen Hochbegabung näherst Du Dich am besten an, indem Du Dir die alltäglichen Vorstellungen zu diesem Thema anschaust. Die einen sehen Begabung als natürliche Gabe, die vorhanden ist oder eben nicht. Andere denken, Begabung sei ein Potenzial, das mit Förderung entwickelt werden könne. Die unterschiedlichen Positionen haben im Alltag durchaus ihre Auswirkung. Stell Dir eine Schülerin vor, die eine schlechte Zensur in einer Klassenarbeit erhält. Wenn Sie glaubt, dass sich an ihrer Begabung in dem Fach etwas verändern lässt, wird sie das motivieren. Ist sie der Meinung, dass Begabung etwas Stabiles ist, wird sie die schlechte Note als Hinweis auf ein minimales Talent deuten. Der US-Psychologe Sternberg[14] hat die ALLTAGS-AUFFASSUNGEN ZUM THEMA HOCHBEGABUNG erarbeitet und zusammengefasst:

- Exzellenz ist typisch für Hochbegabung.

- Leistungen von Hochbegabten sind in einem oder mehreren Bereichen deutlich größer als die von Gleichaltrigen.

- Hochbegabung ist selten.

- Hochbegabung macht produktiv und bringt Besonderes hervor.

- Hochbegabung ist nachweisbar, zum Beispiel durch IQ-Tests.

- Hochbegabung ist etwas kulturell Wertvolles.

---

[14] Ziegler, A. (2005): The Actiotop Model of Giftedness. In: Sternberg, R.; J. Davidson (Hrsg.), Conceptions of Giftedness, New York: Cambridge University Press, S. 411-436

Auch in der Wissenschaft gibt es keine einheitliche Definition von Hochbegabung. Stern definierte Hochbegabung 1919 als " Fähigkeit zu wertvollen Leistungen", räumte aber ein, dass dies sich nicht nur auf intellektuelle Gebiete beschränkt. Tüchtigkeit, so heißt es weiter, sei das Resultat von geistiger Begabung und Willensbegabung. Rost räumt 1991 ein, Begabung sei kein präzisier Begriff. Renzulli erklärt, dass Hochleistungsverhalten aus drei verschiedenen Komponenten bestehe. Neben überdurchschnittlichen Fähigkeiten seien hohes Engagement und Kreativität in besonderem Maße relevant. Seiner Theorie nach würden Menschen, die ein Potenzial für Hochleistungsverhalten besitzen würden, diese Stärken zeigen oder seien fähig, diese Kompetenzen zu entwickeln und dann auf verschiedene, für die Gesellschaft wertvolle Leistungsbereiche anwenden. Renzulli führt weiter aus, Hochleistung würde sich bei bestimmten Menschen zu bestimmten Zeiten und in bestimmten Situationen dokumentieren, aber nicht permanent. Hochbegabte würden viele Lerngelegenheiten benötigen, die jedoch nicht immer vorhanden seien.[15]

Diese Definitionen sind durchaus mehrdimensional. Daneben gibt es noch weitere Annäherungen über den Intelligenzquotienten. Das gilt als sichere, valide Definition von Hochbegabung, da die Ergebnisse objektiv messbar sind. Es besteht allerdings ein Konsens darüber, dass auch Umweltfaktoren und individuelle Persönlichkeitsmerkmale eine wichtige Rolle bei Hochbegabung spielen. Der IQ ist deshalb in der Diagnostik von Hochbegabung wichtig, da er sich psychometrisch einwandfrei ermitteln lässt. Trotzdem müssen Aspekte wie Motivation und Kreativität, aber auch Angst und soziales Milieu mit untersucht werden. Daher lässt sich festhalten: Hochbegabung ist die Anlage, zu einem bestimmten Zeitpunkt eine hohe Leistung zu erbringen. Ob diese Leistung möglich ist, wird entscheidend von der Persönlichkeit und den Umweltfaktoren beeinflusst.

---

[15] Zitiert nach Feger, B; Prado, T. M. (1998): Hochbegabung – die normalste Sache der Welt, Darmstadt: Primus-Verlag

Doch ab wann gilt ein Mensch tatsächlich als hochbegabt? Gibt es eine Grenzziehung, wie einen IQ von mindestens 130? Oder geht es nach dem Grad der Ausprägung bestimmter Fähigkeiten? Die Statistiken gehen davon aus, dass Intelligenz in der Gesellschaft normal verteilt ist. Bei etwa 68 % der Bevölkerung findet sich ein IQ zwischen 85 und 115, was als durchschnittliche Intelligenz bezeichnet wird. Gemäß einer internationalen Vereinbarung liegt die Grenze zur Hochbegabung bei einem IQ von 130. Das sind aktuell etwa 2 % der Bevölkerung, die diesen oder einen höheren Wert erreichen. Diese Grenze ist durchaus willkürlich gewählt, wie zum Beispiel auch der Wert des Body-Mass-Indexes (BMI), der Fettleibigkeit definiert. Daneben finden sich andere Standards für Hochbegabung, wie Messungen von einem IQ höher als 120 oder höher als 132. Die jeweiligen Grenzen resultieren aus den Auflagen und Besonderheiten eines Testverfahrens, aber auch aus den Normierungszeitpunkten. So kann sich die Grenze für eine Hochbegabung ändern, wenn ein Verfahren neu normiert wird. Beachte dabei: Eine Person kann in unterschiedlichen Testverfahren ganz verschiedene Werte erzielen, was daran liegt, dass jeweils andere theoretische Modelle zur Ermittlung des IQs angewendet werden. Das funktioniert nur, wenn ein Bewusstsein für die Bedeutung des IQs besteht und klar ist, wie der Wert sich theoretisch zusammensetzt. Um einen IQ richtig zu interpretieren, müssen daher Grenzen und Möglichkeiten klar erkannt werden.
Der IQ ist eine von mehreren Möglichkeiten, eine kindliche Hochbegabung festzustellen. Daneben gibt es noch weitere durchaus subjektive Parameter. Lehrpersonen oder Eltern können zu der Annahme der Hochbegabung kommen, Schulleistungen oder kreatives Verhalten liefern ebenfalls Anhaltspunkte. Das Problem dabei: Während sich der IQ valide bestimmen lässt, ist das bei Kreativität nicht der Fall. Trotzdem ist der IQ – wenn ein Intelligenztest mit verschiedenen Skalen verwendet wird – der Durchschnittswert aus ganz verschiedenen Kompetenzen. Er ist daher immer Ausdruck bestimmter Fähigkeiten, die unterschiedlich hoch ausgeprägt sind. Schüler A ist verbal sehr kompetent, wobei die mathematische Begabung eher durchschnittlich

ist. Bei Klassenkameradin B verhält sich der Fall umgekehrt. Beide können jedoch in einem Test den gleichen IQ erzielen. Diese Sachverhalte müssen nicht nur bei der Interpretation der Ergebnisse eine Rolle spielen, sondern sind ebenfalls wichtig, wenn bestimmte Fördermaßnahmen in die Wege geleitet werden. In diesem Fall ist der IQ die Aussage über das gesamte Potenzial einer Person. Der Wert ist auch nicht als absolut zu sehen, sondern kann in einem gewissen Rahmen schwanken, was auch an Störvariablen liegen kann. Ist ein Kind während des Tests erkältet, hat es gerade eine schlechte psychische Verfassung oder mag die Person, die den Test durchführt, nicht, kann sich das im Ergebnis niederschlagen. Nicht in "Topform" zu sein, könnte zu einem etwas schlechteren Ergebnis führen. Fühlt das Kind sich hingegen wohl oder ist mit der Art der Aufgaben aus einem vorhergehenden Test vertraut, wird sich das in besseren Leistungen zeigen. Wenn Du im Rahmen der Pädagogischen Psychologie mit Kindern arbeitest, musst Du das nicht nur bei der Interpretation des IQs, sondern auch während der praktischen Tätigkeit beachten.

Auch hier gilt wieder: Die IQ-Grenze von 130 zwecks Definition einer Hochbegabung ist eine Konvention, mit der eine besondere Intelligenz klarer zu erfassen ist und sich auch besser erforschen lässt. Trotzdem liegen zwischen benachbarten Werten keine Quantensprünge bezüglich der Leistungen. Wenn Programme für die Förderung Hochbegabter erarbeitet werden, ist es irrelevant, ob das Kind einen IQ von 128 oder von 132 hat. Denn auch mit dem IQ von 128 können Leistungen erbracht werden, die in die Kategorie IQ 130 fallen. Das kannst Du mit der Körpergröße vergleichen. Wann definierst Du einen Mann als "groß"? Ab einer Körpergröße von 1,85 m oder erst ab 1,90 m? Eine kognitive Begabung darf daher nicht mit dem IQ allein gemessen werden, sie ist vielmehr ein Persönlichkeitsfaktor. Denn geht es darum, Begabung in schulischen Leistungen zu zeigen, spielen auch die nicht-kognitiven Merkmale einer Persönlichkeit eine entscheidende Rolle.

5.1 DAS HOCHBEGABUNGSMODELL VON RENZULLI

Das Modell des US-Psychologen Renzulli aus dem Jahr 1978 wird als DREI-RINGE-MODELL bezeichnet. Renzulli definiert Hochbegabung als das ideale Zusammenwirken von Intelligenz, Kreativität und Motivation. Die durchaus dynamische Beziehung von einer Person und ihrer Umwelt berücksichtigt Renzulli dabei noch nicht. Für ihn ist Hochbegabung mit Hochleistung identisch. Zunächst ist die Intelligenz da, die mit der Kreativität zusammen einen großen Raum einnimmt. Hohe Leistungsfähigkeit entsteht gemäß Renzulli jedoch erst dann, wenn der Faktor Motivation hinzutritt. S. Schulte zu Berge[16] erläutert dazu, dass es bei einer Person trotz eines hohen Niveaus an Intelligenz und Kreativität an guten Leistungen fehlen kann, wenn es an der Motivation mangelt, diese Leistungen überhaupt zu erbringen. Hochbegabung ist daher nach dem Drei-Ringe-Modell erst durch die SCHNITT-MENGE DER DREI KOMPONENTEN möglich. Diese Komponenten sind wie folgt definiert:

- **Allgemeine kognitive Fähigkeiten:** Überdurchschnittliche Fähigkeiten, von Renzulli als "above average ability" bezeichnet, sind Merkmale wie die Informationsverarbeitung, die Integration von Erfahrungen, das angemessene Verhalten in einer Situation und logisch-abstraktes Denken. Hinzu kommen spezielle Fähigkeiten und Fertigkeiten in einem oder mehreren Wissensgebieten.

- **Kreativität:** Hierbei handelt es sich laut Renzulli vor allem um eine bestimmte Form, um zu Lösungen zu gelangen. Au-

---

[16] Schulte zu Berge, S. (2001): Hochbegabte Kinder in der Grundschule – Erkennen – Verstehen – Im Unterricht berücksichtigen, 2. Aufl., Münster: LIT Verlag

ßerdem sind Originalität und Flexibilität im Denken erforderlich und eine gewisse Neugier plus geistig-spielerischem Verhalten. Kreativität zeigt sich zudem in einer Sensibilität für
Details.

- Motivation: Von Renzulli als "task commitment" bezeichnet, geht es hierbei darum, sich über längere Zeit einer Aufgabe intensiv zuzuwenden. Es geht nicht um Motivation allein, sondern um die Kombination mit Leistungswillen und einer grundsätzlich positiven Einstellung zu Wissen und Lernen. Motivation bedeutet auch die Fähigkeit, Probleme mit
  Ausdauer lösen zu wollen.

Mit seinem Modell distanziert Renzulli sich von der rein statischen
Intelligenzdefinition und verfolgt einen mehr entwicklungsorientier-
ten Ansatz. Das bedeutet: Eine Person wird nicht als hochbegabt ge-
boren, sondern entwickelt dieses Verhalten – vorausgesetzt, es kommt
zu einem idealen Zusammenwirken dieser drei Persönlichkeitsmerkmale. Renzulli selbst hat betont, dass er mit seinem Modell auf eine
möglichst große Gruppe potenziell Hochbegabter abziele. Eine Diagnostik nur über Intelligenztest lehnte er klar ab und forderte, neben
Hochbegabten in der Schule vor allem auch kreativ-produktiv Begabte zu fördern. Wird Renzullis Modell in einen sozialen Kontext
eingebettet, repräsentiert die Interaktionen von individueller Persönlichkeit, den nicht-kognitiven Eigenschaften und der Umwelt. Wenn
Begabung in "soziales Kapital" umgewandelt wird, sind nicht-kognitive Eigenschaften maßgeblich. Solche Merkmale sind gemäß Renzulli Mut, Leidenschaft für ein Thema, Optimismus, Empathie, körper-
liche und geistige Energie, die Überzeugung, eine Bestimmung zu haben, und Zukunftsvisionen. Renzulli hat mit SEM (School Enrich-
ment Model) ein spezielles Konzept der Begabtenförderung für Schulen entwickelt. Ziel dabei ist es, möglichst viele Hochbegabungen zu
erkennen und gezielt zu fördern. Viele Forscher haben Renzullis Drei-

Ringe-Modell als Grundlage genommen und entsprechend weiterentwickelt.

5.2 MÖNKS MODELL DER TRIADISCHEN INTERDEPENZ

Der Niederländer Mönks hat Renzullis Modell vor allem aus entwicklungspsychologischer Perspektive erweitert.[17] Das 1990 von ihm entwickelte TRIADISCHE INTERDEPENDENZMODELL wurde immer wieder angepasst und erweitert. Mittlerweile wird es auch "Mehr-Faktoren-Modell" genannt. Das hat auch zu einer Umbenennung der Persönlichkeitsmerkmale geführt. Mönks hatte ursprünglich die Bezeichnungen Intelligenz, Aufgabenzuwendung und Kreativität genutzt, diese aber inzwischen in hohe intellektuelle Fähigkeiten, Motivation und Kreativität abgewandelt.

Mönks Mehr-Faktoren-Modell der Hochbegabung verdeutlicht, dass ein HOHES BEGABUNGSLEVEL NICHT AUSSCHLIEßLICH VON DEN MERKMALEN DER PERSÖNLICHKEIT ABHÄNGT. Eine große Rolle spielt ebenfalls das SOZIALE UMFELD. Als die wichtigsten Bereiche der kindlichen Erlebniswelt nennt er die Familie, die Schule und den Freundeskreis (Peergroup). Hochbegabung kommt demzufolge dann zustande, wenn eine förderliche, positive Interaktion zwischen Kreativität, Motivation und hohen intellektuellen Fähigkeiten sowie Elternhaus, Schule und Freundeskreis besteht. Offensichtlich sind hochbegabte Kinder in ihrer Entwicklung sozialer Kompetenzen benachteiligt. Das liegt am großen Unterschied in der Entwicklung, der es erschwert, den Anschluss an Gleichgesinnte und Mitschüler zu finden. Zu kritisieren an Mönks

---

[17] Mönks, F. J.; Ypenburg, I. H. (2012): Unser Kind ist hochbegabt – Ein Leitfaden für Eltern und Lehrer, 4. Aufl., München: Reinhardt Verlag

Modell wäre die nicht klare Trennlinie zwischen Hochleistung und Hochbegabung, vor allem die Umweltfaktoren und die Motivation betreffend. Dieser Punkt ist vor allem dann interessant, wenn es darum geht, ob Schüler mit einem hohen IQ aber gleichzeitig schlechten Leistungen als Hochbegabte gelten können oder nicht.

5.3 MODELL NACH GAGNÉ VON TALENT UND BEGABUNG

Francois Gagné bemängelte 1993 an Renzullis Modell den Unterschied zwischen Hochbegabung und sich zeigender außergewöhnlicher Leistung. Er entwickelte daher ein neues Modell, das exakt zwischen Begabung und Talent differenziert.

Demnach ist

- Begabung: Eine Fähigkeit, die angeboren ist, aber in einem oder mehreren Bereichen noch nicht systematisch entwickelt ist. Begabung ist demzufolge ein Potenzial.

- Talent: Die Herausbildung und Entwicklung einer Begabung in mindestens einem oder mehreren Bereichen, was sich darin zeigt, einen gewissen Grad an Expertise zu erreichen. Talent wäre eine überdurchschnittliche Leistung.

Sobald also eine Begabung häufig genutzt und auch gefördert wird, wiederholt sich die Kompetenz. Dadurch erweitert sie sich und durch Übung entstehen zwangsläufig neue Kenntnisse und Fertigkeiten. Es kommt auf dem jeweiligen Gebiet zu einem Expertenstatus. Um das zu erreichen, werden unterstützende, positive Faktoren benötigt. Gagné bezeichnet das als "intrapersonale Katalysatoren", womit

Selbstvertrauen, Wille, Motivation und Ausdauer gemeint sind. Außerdem sind "Umwelt-Katalysatoren" wie Elternhaus, Familie, Schule, Freunde sowie lokale und zeitliche Gegebenheiten notwendig.

5.4 MEHRDIMENSIONALES BEGABUNGSKONZEPT NACH URBAN

Der deutsche Sonderpädagoge Klaus K. Urban hat mit seinem Mehrdimensionalen Begabungsmodell versucht, eine grafische Darstellung der unterschiedlichen Vorstellungen von Hochbegabung umzusetzen. Auch Urban bezieht sich auf das Modell von Renzulli, was bei näherer Betrachtung deutlich wird. Sein Modell besteht aus einer Pyramide, die von einer Kugel umgeben ist. In diesem Spannungsfeld ergeben sich sehr gute Leistungen, sobald hohe intellektuelle Kapazitäten auf Leistungsbereitschaft und Kreativität treffen. Eine Voraussetzung dafür bilden positive und förderliche Umweltbedingungen wie im Außenkreis die Gesellschaft und im Innenkreis die soziale, kulturelle, materielle, symbolische und direkte Umwelt. Mit diesem Modell gelingt es Urban, einen Unterschied zwischen praktisch-instrumentellen, sozialen, künstlerischen oder abstrakt-intellektuellen Begabungen zu erreichen. Außerdem räumt er psycho- und physiomotorische Einflüsse ein und berücksichtigt auch Teilbegabungen wie musikalische, verbale, bildnerische und mathematische Talente. Die Pyramide hat Urban gewählt, weil er herausstellen möchte, dass die unterschiedlichen Talente und Fähigkeiten unterschiedlich groß, gelagert oder geformt sind. Trotzdem bezieht Urban sich häufig auf hohe intellektuelle Begabungen, vor allem in schriftlichen Ausführungen zu seinem Modell. Die jedoch grafisch prominent dargestellten praktischen, sozialen und künstlerischen Begabungen verlieren sich in den Erläuterungen etwas aus dem Blickfeld. Trotzdem postuliert Urban eine harmonische Entwicklung der gesamten Persönlichkeit, bleibt jedoch eine konkrete Anleitung schuldig. Oftmals wird Urban für ein "Ideal-bild" kritisiert, das von einem Menschen ausgeht, der sehr hohe intellektuelle, praktische und künstlerische Fähigkeiten gleichzeitig hat und somit in der Lage zu außergewöhnlichen Leistungen bei einer hohen sozialen Kompetenz ist. Die Realität in der Forschung zeigt allerdings, dass sich all diese Fähigkeiten nur in seltenen Glücksfällen miteinander verknüpfen lassen.[18]

5.5 MÜNCHNER HOCHBEGABUNGSMODELL

Das Münchner Hochbegabungsmodell nach Heller[19] ist seit der Jahrtausendwende vor allem in Deutschland sehr beliebt. Heller lehnt sich an das Multiple Intelligenzmodell von Gardner an. Einzelne Dimensionen der Begabung ordnet er speziellen Leistungsbereichen oder Kriterien zu. Eine Exzellenz der Leistung kann sich dann entfalten, sobald nicht-kognitive Persönlichkeitsfaktoren, Prädikatoren (Begabungsfaktoren) und Umweltmerkmale effizient zusammenwirken. Einzelne Begabungsdimensionen wie intellektuelle, kreative oder soziale Begabung kann sich nur dann vollkommen entfalten, wenn Verantwortlichkeit gegeben ist. Das bedeutet, Begabung wird nicht nur für sich selbst verwendet, sondern ist auch eine Kommunikation mit anderen. Heller selbst sieht sein Modell als ein großes Ganzes kognitiver, motivationaler und personaler Leistungs- und Lernvoraussetzungen. Die Entwicklung der Begabung ist eine Interaktion von internen Anlagen der Person und externen Sozialisationsfaktoren, was bedeutet, dass es eine Wechselbeziehung zwischen Person und Umwelt

---

[18] Holling, H.; Kanning, U. P. (1999): Hochbegabung – Forschungsergebnisse und Fördermöglichkeiten, Bern/Göttingen/Toronto/Seattle: Hogrefe Verlag

[19] Heller, K. A. (Hrsg.) (2000): Lehrbuch Begabungsdiagnostik in der Schul- und Erziehungsberatung, 2. Aufl., Bern/Göttingen/Toronto/Seattle: Huber Verlag

gibt. Begabung ist demnach eine Disposition einer Person für bestimmte Lern- und Leistungsanforderungen.[20] Heller betont außerdem unterschiedlihe Formen der Begabung, denen sich unterschiedliche Kriteriumsvariablen, womit er Leistungsbereiche meint, zuordnen lassen. In sein Münchner Hochbegabungsmodell hat er die Parameter Intelligenz, soziale Kompetenz, Kreativität, Musikalität, Psychomotorik, praktische Fähigkeiten und künstlerische Fähigkeiten aufgeführt. Diesen Dimensionen der Begabung ordnet er einzelne Leistungsbereiche zu. An der Manifestation dieser Leistungen sind neben den rein kognitiven Fähigkeiten als Prädikatoren auch Persönlichkeitsmerkmale wie Interesse, Motive, Lernstil, Arbeitsstil, Angst, Kontrollüberzeugungen und Stressbewältigung beteiligt. Hinzu treten Bedingungsfaktoren wie die familiäre und schulische Sozialisation. Leistung lässt sich daher als Produkt all dieser Faktoren beschreiben. Das Münchner Hochbegabungsmodell schlüsselt all diese komplexen Bausteine von Begabung detailliert auf und setzt die einzelnen Bestandteile in einen sinnvollen Kontext.

Heller nimmt ebenfalls Stellung zum Unterschied zwischen Intelligenz und Begabung. Für ihn entspricht Begabung der psychologischen Eignung. Ein Beispiel wäre die Begabung, ein Musikinstrument zu erlernen oder die Fähigkeit, schnell eine Fremdsprache zu sprechen. Neben den künstlerischen Leistungen erwähnt er Begabung auch im mathematisch-naturwissenschaftlichen Kontext. Sein Modell hat sich mittlerweile vielfach im schulischen Bereich etabliert, wenn es darum geht, hochbegabte Kinder zu fördern. Es setzt die Intelligenzmessung in einen größeren Zusammenhang und zeigt, welche Elemente und Manifestationen darüber hinaus für die Entwicklung einer besonderen Begabung notwendig sind. Indem Heller Leistungskriterien einbindet, wird die Bedeutung von besonderen Leistungen auf einem oder mehreren Gebieten betont. Sein Modell hilft ebenfalls

---

[20] Heller, K. (2001): Hochbegabung im Kindes- und Jugendalter, 2. Aufl., Göttingen: Hogrefe Verlag

dabei, auf Schwachpunkte bei den Persönlichkeitsmerkmalen einzugehen. Das ermöglicht eine offene Diskussion über Interventionen und Möglichkeiten der Veränderung und verhindert schnelle Zuschreibungen von Ursachen für ein bestehendes Problem. Prominentes Beispiel: "Das Kind möchte nicht lernen, weil es in der Schule unterfordert ist."

5.6 WEITERE HOCHBEGABUNGSMODELLE

Im Jahr 2005 hat Albert Ziegler das "AKTIOTOP-MODELL" entwickelt.[21] Der systemische Ansatz beinhaltet verschiedene, sehr ausgedehnte Lernprozesse, die durchlaufen werden müssen, um in verschiedenen Bereichen Exzellenz zu erreichen. Ziegler unterstreicht die Bedeutung von "Soziotopen", in denen sich Menschen bewegen. Jeder Soziotop trägt mehr oder weniger dazu bei, dass eine Person in der Lage ist, Handlungsmöglichkeiten und -kompetenzen zu erweitern. Ziegler fokussiert sich auf Lernprozesse, die langfristig angelegt sind, damit ein Kind sein Potenzial vollständig entfalten kann. Auf diese Weise wird der Lernprozess fokussiert und das Kind erhält die Möglichkeit, sein Potenzial zu entfalten. Wichtig ist laut Ziegler, immer wieder neue, anspruchsvolle Ziele zu setzen. Die Personen, die das Kind fördern sollen, werden von Ziegler Mentoren genannt. Außerdem muss die Lernumwelt adäquat angepasst sein, damit Potenziale sich entfalten können. Ziegler erwähnt, dass exzellente Leistungen in den jeweiligen Bereichen erst nach etwa 10.000 Stunden Beschäftigung mit der Materie einsetzen – diesen Effekt kannst Du am besten beobachten, wenn Du Dir das Spielen eines Musikinstrumentes vor Augen führst. Um

---

[21] Ziegler, A. (2009): „Ganzheitliche Förderung" umfasst mehr als nur die Person – Aktiotop- und Soziotopförderung. In: Heilpädagogik online, 02/09, S. 5-34

hier zu Exzellenz zu gelangen – was übrigens auch für wissenschaftliche Disziplinen gilt – sind mindestens zehn Jahre zu veranschlagen. Begabtenförderung muss daher so früh wie möglich einsetzen, langfristige Ziele im Blick haben und durch speziell angepasste und immer wieder optimierte Curricula und fachlich kompetente Mentoren begleitet werden.

Ein Modell, das sich an Gagné und Heller anlehnt, ist das INTEGRATIVE BEGABUNGSMODELL VON CHRISTIAN FISCHER aus dem Jahr 2006.[22] Fischer konzentriert sich stark auf die Ebene, in der die Lern- und Entwicklungsprozesse von Einflüssen der Persönlichkeit und den Umweltfaktoren gestaltet werden. In seine Überlegungen bezieht er Lernstrategien und Techniken zur Steigerung der Motivation mit ein. Ein weiteres neues Modell in der Pädagogischen Psychologie ist das "Dialektische Modell" nach Victor Müller-Opplinger, der damit die Gedanken von Fischer und Ziegler weiterführt. Müller-Opplinger präzisiert weitere Handlungsmöglichkeiten, aber auch Umwelt- und Persönlichkeitsfaktoren, die im Falle positiver Einflussnahme Leistungsexzellenz begünstigen.[23] Mittlerweile ist Müller-Opplingers Modell als "Ökologisches Begabungsmodell" bekannt.

Der Hamburger Professor für Grundschulpädagogik Thomas Trautmann entwickelte 2003 ein Modell der individualisierten Hochbegabung.[24] Er stellt das Individuum dabei ins Zentrum und betont, dass bei jeder Hochbegabung die Einflussfaktoren jedes einzelnen Faktors

---

[22] Fischer, C. (2008): Lernstrategien in der Begabtenförderung – Strategien des selbstgesteuerten Lernens in der individuellen Förderung besonders begabter Kinder. In: news&science – Begabtenförderung und Begabungsforschung, Vol. 19 (2), S. 31-34

[23] Müller-Oppliger, V. (2014): Paradigmenwechsel zu einem ökologischen Begabungsmodell. In: Weigand, G.; Müller-Oppliger, V.; Hackl, A.; Schmid, G. (Hrsg.), Personalorientierte Begabungsförderung – Eine Einführung in Theorie und Praxis, Weinheim-Basel: Beltz Verlag, S. 68-77

[24] Trautmann, T. (2010): Einführung in die Hochbegabtenpädagogik, Bd. 53, Grundlagen der Schulpädagogik, Baltmannsweiler: Schneider Verlag Hohengehren

von Begabung, Leistung und Umwelt persönlich sind. Das Modell selbst wird grafisch so ähnlich wie Mikado Stäbe dargestellt. Jeder Stab trägt dabei eine Anlage, wodurch sich für jede Person ein individuelles Bild ergibt. Trautmann geht dabei so vor, dass er anhand der Wertigkeit und Position der Begabungen und Faktoren die persönlichen Problembereiche ableitet.

5.7

HOCHBEGABUNG ERKENNEN

Die Beschäftigung mit den einzelnen Modellen der Hochbegabung zeigt, dass Du immer unterschiedliche Bereiche im Blick haben musst. Die Palette reicht dabei von den allgemeinen schulischen Leistungen über die Fähigkeit zu analytischem Denken über musikalische und andere künstlerische Begabungen bis hin zu kreativen Fähigkeiten. Doch auch sportliche Exzellenz, Führungsqualitäten und weitere soziale Fähigkeiten fallen in das Spektrum der Hochbegabung. Diese Vielfalt macht es notwendig, besonders viel Sensibilität, aber auch Problembewusstsein für den Umgang mit hochbegabten Kindern und überhaupt deren Identifikation walten zu lassen. Besondere Fähigkeiten sind wichtig, um zu entscheiden, zu welchem Fördermodell ein Kind Zugang haben soll. Zeigen sich hier auf einem Gebiet herausragende Leistungen, sind diese unbedingt zu berücksichtigen. Denn nicht jedes Kind zeigt seine Hochbegabung in Form von exzellenten Schulleistungen, weshalb Komponenten wie musische Talente und Kreativität Eingang in den Entscheidungsprozess finden sollten.

In der Pädagogischen Psychologie geht es vor allem darum, was der Transfer all dieser Informationen in den schulischen Alltag bedeutet. Stell Dir vor, es wurde eine Fördermaßnahme für besonders begabte Schüler entwickelt und dabei wird der IQ als Voraussetzung für die

Teilnahme verlangt. In diesem Fall IQ 130 oder höher. Welche Folgen hätte das für bestimmte FALLKONSTELLATIONEN:

- Ein Kind hat einen IQ von 125, aber immer exzellente Schulnoten – darf es an der Maßnahme teilnehmen oder wird es davon ausgeschlossen?

- Ein Kind mit einem IQ von 135 verweigert jegliche Mitarbeit und zeigt außerdem ein auffälliges Sozialverhalten. Ist es ein Kandidat für die Förderung?

- Ein Kind mit einer hohen Ausdrucksfähigkeit und einer schnellen Auffassungsgabe schreibt nur schlechte Noten. Sollte eine besondere Förderung erfolgen?

Das typische Erscheinungsbild eines hochbegabten Kindes gibt es nicht. Die Schüler können still und angepasst sein, aber auch Außenseiter und Störenfriede in der Klasse. Einige sind vielleicht vielseitig begabt, während andere in einem abgegrenzten Bereich brillieren. Zu fragen ist auch nach typischen Eigenschaften, wie einem positiven Selbstwertgefühl, einer überdurchschnittlich hohen Kontrollüberzeugung und einer besonderen Motivation oder der Fähigkeit, sich sehr gut zu konzentrieren. Daneben kommen noch unzählige weitere Eigenschaften in Betracht. Grundsätzlich weichen hochbegabte Kinder von den alterstypischen Normen mal mehr und mal weniger stark ab. Die Ausprägung der einzelnen Merkmale innerhalb der Gruppe besonders Begabter ist als sehr heterogen zu bezeichnen. Zeigt ein Kind nur ein Merkmal, muss das nicht zwangsläufig eine Hochbegabung bedeuten. Doch woran ist die Hochbegabung nun tatsächlich zu erkennen und wer ist dafür zuständig? Zunächst sind Lehrer als Beobachter gefragt, denen bei einem Kind Auffälligkeiten ins Blickfeld kommen. Doch auch Eltern, Kinderärzte und andere Menschen aus dem sozialen Umfeld kommen als Beobachter infrage.

Eine Liste, mit der häufig gearbeitet wird, nennt beispielsweise diese
Aspekte:

- ungewöhnlich großer Wortschatz für das Alter

- frühe Lesekompetenz

- feines, abgestimmtes Sprachgefühl

- deutlich höhere Aufmerksamkeitsspanne

- bessere Ausdauer

- höhere Konzentration

- schnelle Aneignung von Grundfähigkeiten

- geringer Übungsbedarf, wenn Neues erlernt wird

- vielseitiges Interessenspektrum

- hoch entwickelte Neugier

- sehr selbstständig

- großes Fragenreservoir

- Interesse an Experimenten und alternativen Lösungswegen

- Ideen und Dinge anhand neuer, ungewöhnlicher Aspekte miteinander zu verknüpfen

- ungewöhnliches Gedächtnis

- auffälliger Sinn für Humor

- deutlich höhere Sensibilität als andere Kinder

So hilfreich derartige Checklisten auf den ersten Blick erscheinen, zeigen sie sich in der Praxis als wenig geeignet. Viele Merkmale in diesen Listen sind doch recht vage und können damit auf eine große Schnittmenge von Kindern zutreffen. Geht es zum Beispiel bei "selbstständig" darum, den Schulranzen selbst zu packen oder sich ein paar Stunden sinnvoll allein zu beschäftigen? Je mehr in ein Merkmal auf einer Checkliste hineininterpretiert werden muss, desto unzuverlässiger wird die Aussage. Außerdem arbeiten die Listen mit bewertenden Merkmalen wie "häufig", "sehr oft" oder "mehr". Während bei einem durch anerkannte Verfahren in der Pädagogischen Psychologie Testverfahren einen klaren Auswertungsschlüssel haben, fehlt so etwas bei Checklisten. Es bleibt daher überhaupt nicht klar, wie viele Merkmale in welchem Maß zutreffen müssen, damit eine Hochbegabung diagnostiziert werden kann.

Es bestehen jedoch noch weitere Möglichkeiten, um eine Hochbegabung herauszufinden. Verhaltensbeobachtung im Vorschulalter bietet sehr gute Ansatzpunkte und viele Eltern haben ein gutes Gespür für besondere Fähigkeiten ihrer Kinder. Wenn Begabung erkannt wird, ist es wichtig, sie so früh wie möglich zu fördern. Eine wichtige Rolle neben dem Elternhaus spielen Erzieher und später Lehrer. In Verhaltensbeobachtungen liegen jedoch auch bestimmte FEHLERQUELLEN, wie etwa:

- Von einer einzelnen Beobachtung generell negative oder positive Schlüsse auf die gesamte Begabung des Kindes ziehen.

- Sich von anderen Merkmalen, wie dem Geschlecht, beeinflussen lassen. Hier fanden Studien heraus, dass gute Leistungen bei Jungen eher auf Begabung, bei Mädchen aber auf vermehrte Anstrengung zurückgeführt werden.

- Personen, die man sympathisch findet, werden positiver und wohlwollender beurteilt als Menschen, die als unsympathisch empfunden werden.

- Eine weitere Gefahr besteht durch eine selektive Wahrnehmung. Haben Eltern oder Lehrer ein Kind als hochbegabt eingeschätzt, werden sie automatisch weitere "Beweise" für eine Hochbegabung suchen und finden.

- Verstärkt wird die Problematik dadurch, dass Kinder häufig die Wahrnehmungen Erwachsener übernehmen und ihr Verhalten dementsprechend anpassen.

Schul- und Zeugnisnoten sind ebenfalls ein beliebter Indikator für eine eventuelle Hochbegabung. Tatsächlich sind Zeugnisse ein gutes Indiz dafür, dass ein Kind besonders begabt sein könnte. Aber der Rückschluss, dass Hochbegabte in allen Fächern starke Leistungen bringen müssen, ist trügerisch. Viele Hochbegabte sind auch nur in einem Themenfeld hervorragend und haben in den anderen Fächern allenfalls durchschnittliche Leistungen. Dann gibt es noch die Gruppe der Hochbegabten, die als "Underachiever" eher schlechte Schulnoten haben. Außerdem gibt das Zeugnis nicht an, mit welchem Lern- und Arbeitsaufwand eine Zensur zustande gekommen ist. Die Notengebung orientiert sich in den meisten Fächern auch am Leistungsniveau der Klasse. Selbst "objektive" Fächer wie Mathematik lassen sich daher nicht unbedingt klassenübergreifend vergleichen. Noten können in Einzelfällen einen Hinweis auf eine besondere Begabung geben, sind jedoch letztendlich kein verlässlicher Anhaltspunkt für eine Hochbegabung.

Wettbewerbe wie "Jugend forscht" oder "Jugend musiziert" lassen häufig auch eher unauffällige Schüler plötzlich zu Hochform auflaufen. Plötzlich zeigen sich neben herausragenden Leistungen Motivation und Führungsqualitäten, sodass Lehrer im Kontext von Wettbewerben auf besondere Begabungen aufmerksam werden können. Übrigens stellt allein die Frage, ob ein Kind hochbegabt ist oder nicht, keine Veranlassung dar, eine IQ-Testung vornehmen zu lassen. Der Intelligenztest kommt infrage, wenn

- Hochbegabte sich selbst unsicher sind, ob ihre Fähigkeiten tatsächlich exzellent sind. In diesen Fällen geben IQ-Tests Sicherheit

- abgeklärt werden muss, ob ein Kind überfordert oder unterfordert ist

- passende Förderprogramme gefunden werden müssen

* es um eine vorzeitige Einschulung oder das Überspringen einer Klasse geht

* ein Kind begabt wirkt, aber schwache oder schwankende Leistungen zeigt

* ein Kind wirkt begabt, zeigt sich aber kaum motiviert

Zwar können Kinder ab einem Alter von zwei Jahren getestet werden, doch erst ab dem fünften Lebensjahr ist mit einigermaßen zuverlässigen Testergebnissen zu rechnen. Zu beachten ist allerdings, dass die ganze Grundschulzeit über ein Testergebnis um bis zu 20 Punkte schwanken kann. Wichtig ist, dass es sich beim Erkennen einer Hochbegabung nicht um eine einmalige Angelegenheit handelt, sondern um einen Prozess, der in einen gewissen Kontext eingebettet werden muss.

Zu den TESTVERFAHREN, die in der Pädagogischen Psychologie anerkannt sind und die häufig zum Einsatz kommen, zählen:

* Hamburg-Wechsler-Intelligenztest für Kinder (Hawik-III-R bzw. Hawik IV)

* Adaptives Intelligenz-Diagnostikum (AID 2)

* Intelligenzstrukturtest (IST 2000)

* Kognitive-Fähigkeiten-Test (KFT)

* Standard Progressive Matrices (SPM)

* Culture-Fair-Test (CFT)

* Kaufman-ABC

* Naglieri Nonverbal Ability Test (NNAT)

6 SELBSTREGULATION

Eine Hauptaufgabe der Bildung ist, neben der Vermittlung von Fachwissen, die Anleitung zum eigenverantwortlichen, selbstregulierten Lernen. Gerade in der heutigen Zeit ist dieser Aspekt unglaublich wichtig, da Wissen einerseits schnell veraltet und andererseits ständig neue Kompetenzen gefordert werden. Daher müssen Kinder bestmöglich darauf vorbereitet werden, wie sie sich neues Wissen selbstständig aneignen können. Der ständige Anstieg des Wissens führt auch – gerade im Kontext des lebenslangen Lernens – dazu, dass auch nach der Schule immer wieder neue Herausforderungen und Lernanforderungen entstehen. Wie Studien aus der Berufswelt[25] zeigen, ist Fachwissen nach fünf Jahren bereits veraltet, im EDV-Bereich sogar bereits nach einem Jahr. Obwohl Wissen ständig aktualisiert werden muss, ist es schwierig, eine Prognose zu treffen, welchen inhaltlichen Anforderungen heutige Schüler in ihrer Berufspraxis begegnen werden.

Internationale Studien wie PISA oder TIMSS (Third International Mathematics and Science Study) zeigten, dass deutsche Schüler nicht nur bezüglich der Fachkompetenzen im Mittelfeld liegen, sondern auch Defizite bei der Fähigkeit des selbstregulierten Lernens besitzen. Das führte dazu, dass in den letzten Jahren in der Pädagogischen Psy-

---

[25] Abicht, L.; Dubiel, G. (2003): E-Learning in der beruflichen Weiterbildung. In: Peters, S. (Hrsg.), Lernen und Weiterbildung als permanente Personalentwicklung, Bd. I, Veröffentlichung zur Ringvorlesungsreihe "Innovationsfaktor Weiterbildung in der Wirtschaft" an der Otto-von-Guericke-Universität Magdeburg, München-Mering: Rainer Hampp-Verlag, S. 157-170

chologie zahlreiche Projekte ins Leben gerufen wurden, die Möglichkeiten erforschten, wie selbstreguliertes Lernen gefördert und in den Schulalltag integriert werden kann. Hier stellte sich heraus, dass Selbstregulationsstrategien besonders effektiv vermittelt werden können, wenn sie an fachspezifische Inhalte wie mathematische Problemlösung geknüpft werden. Stellvertretend seien hier die Ansätze von Gürtler[26] oder Perels[27] genannt. Während der Erhebungen zeigte sich zudem, dass selbstreguliertes, eigenverantwortliches Lernen von Kontextfaktoren wie dem Elternhaus, aber auch den Lehrern entscheidend abhängt.

Selbstreguliertes, eigenverantwortliches Lernen hat einen direkten Bezug zum Konzept der Selbstregulation. Das Prinzip verstehst Du rasch, wenn Du Dir vorstellst, wie eine Heizung reguliert wird. Dein Ausgangspunkt ist eine bestimmte Temperatur, der Soll-Wert, den Du erreichen möchtest. Wichtig ist ferner, als Ist-Zustand die aktuelle Temperatur zu bestimmen. Sollte hier ein Unterschied vorliegen, müssen im System geeignete Maßnahmen ergriffen werden, um den Soll-Wert zu erreichen. Diese Aktionen sind die Regulation. Sobald der Soll-Zustand erreicht ist, sind keine weiteren Maßnahmen mehr notwendig. Eine neue Aktion muss erst dann erfolgen, wenn es wieder Abweichungen vom Soll-Wert gibt. Wenn Du jetzt den Transfer auf die Ebene des Lerners machst, ist der Soll-Wert das Lernziel einer Person. Selbstbeobachtung oder Self-Monitoring helfen dabei, den Ist-Zustand als den aktuellen Level zu ermitteln. Das ist die Voraussetzung, um eine Selbstbewertung als Ist-Soll-Vergleich durchzuführen. Bei Unterschieden werden Strategien ergriffen, um sich dem Lernziel anzunähern. So kann sich ein Schüler zum Beispiel das Ziel

---

[26] Gürtler, T. (2003): Trainingsprogramm zur Förderung selbstregulativer Kompetenz in Kombination mit Problemlösestrategien PROSEKKO – Entwicklung, Durchführung und längsschnittliche sowie prozessuale Evaluation, Frankfurt am Main: Peter Lang

[27] Perels, F. (2003): Ist Selbstregulation zur Förderung von Problemlösen hilfreich? Entwicklung, Durchführung sowie längsschnittliche und prozessuale Evaluation zweier Trainingsprogramme. Frankfurt am Main: Peter Lang

setzen, immer seine Hausaufgaben in einer bestimmten Zeit zu erledigen. Ist die Zeit abgelaufen und das Ziel nicht erreicht, wird er eine Anpassung vornehmen und die Hausaufgaben weiterbearbeiten. Wenn diese Strategie dazu beigetragen hat, das Ziel erfolgreich zu erreichen, wird sie beibehalten. Falls es auf diese Weise nicht geklappt hat, erfolgt eine Modifikation. Zum Beispiel könnte der Schüler die Musik ausschalten oder dafür sorgen, ungestört von kleineren Geschwistern zu arbeiten. Außerdem könnte er entscheiden, ob er sein Ziel weiterverfolgt oder ob er sich ein anderes Ziel setzt. Das wäre zum Beispiel der Fall, wenn er sich vorgenommen hat, pro Tag zwanzig neue Vokabeln zu lernen. Stellt sich heraus, dass dieses Ziel schwierig ist, könnte er die Liste auf zehn neue Vokabeln pro Tag reduzieren.

Bezogen auf den Lernprozess lässt sich selbstreguliertes Lernen wie folgt erklären: Es handelt sich bei selbstreguliertem Lernen um eine Lernform, bei der die Person in Abhängigkeit von ihrer Motivation zum Lernen selbstbestimmt eine oder mehrere Maßnahmen der Selbststeuerung ergreift.[28] Diese Maßnahme kann kognitiver, metakognitiver, volitionaler oder auch verhaltensmäßiger Art und Weise sein. Daneben gibt es in der Fachliteratur noch weitere Definitionen, was selbstregulierendes Lernen beinhaltet. Bei allen Unterschieden lassen sich jedoch immer DIE FOLGENDEN KOMPONENTEN ALS GEMEINSAMKEIT erkennen:

- **Kognitive Aspekte:** In diesem Bereich geht es um strategisches und konzeptionelles Wissen, aber auch die Fähigkeit, bestimmte Strategien anzuwenden.

---

[28] Schiefele, U.; Pekrun, R. (1996): Psychologische Modelle des fremdgesteuerten und selbstgesteuerten Lernens. In: Weinert, F. E. (Hrsg.), Enzyklopädie der Psychologie – Pädagogische Psychologie, Bd. 2, Psychologie des Lernens und der Instruktion, Göttingen: Hogrefe Verlag, S. 249-278

- **Motivationale Aspekte:** Hiermit sind Aktivitäten gemeint, die dem Beginn des Lernens dienen, zum Beispiel Selbstmotivation. Außerdem geht es um das Aufrechterhalten des Prozesses, die volitionale Steuerung, sowie Attributionen. Attributionen bedeuten in diesem Kontext, dass günstige Ursachenzuschreibungen wie vergangene Erfolge der Motivation dienen können. Auch die Überzeugung, wirksame Handlungen zu absolvieren, fällt in diesen Bereich.

- **Metakognitive Aspekte:** In Bezug auf das angestrebte Lernziel erfolgen Selbstbeobachtung, Planung und Anpassung des Lernverhaltens.

Zimmermann[29] betont für die SELBSTREGULATION DIE DREI KOMPONENTEN PERSON, SITUATION UND VERHALTEN. Er definiert die Selbstregulation als selbst erzeugte Gedanken, Gefühle und Aktionen, die geplant und zyklisch auf persönliche Ziele angewendet werden. Das bedeutet, im Kern geht es um die Verfolgung von Zielen, die adaptiert werden können. Ziele sind daher nicht statisch, sondern sind durch die Resultate vorheriger Lern- und Arbeitsprozesse veränderbar. Das Ergebnis einer Abfolge von Handlungen fungiert dabei wie eine Feedbackschleife, die Konsequenzen auf folgende Lernaktionen hat. Wichtig ist, den prozessualen Charakter des Lernens nicht aus den Augen zu verlieren. Um wieder auf die Hausaufgaben zurückzukommen: Die Bearbeitung kann von einem Schüler als Prozess verstanden werden. Die Ergebnisse des Tages wirken sich automatisch auf die Hausaufgaben am nächsten Tag aus. Hat der Schüler am ersten Tag sehr schwierige Aufgaben richtig gelöst, resultiert daraus eine Motivation, die Hausaufgaben auch am nächsten Tag anzugehen. Die Effekte der

---

[29] Zimmerman, B. J. (2000): Attaining Self-Regulation – A social cognitive perspective. In: Boekaerts, M.; Pintrich, P. R.; Zeidner, M. (Hrsg.), Handbook of Self-Regulation, San Diego, CA: Academic Press, S. 13-39

höheren Motivation können ebenfalls einen Einfluss wie die bessere Anwendung von Lösungsstrategien haben oder auf die Stärkung des Selbstbewusstseins.

Das vorgestellte Modell bezieht neben kognitiven, motivationalen und metakognitiven Aspekten ebenfalls den prozessualen Charakter des Lernens mit ein. Schmitz[30] integriert in sein Prozessmodell der Selbstregulation Teile des Handlungsphasenmodells nach Heckhausen[31] und sein eigenes Lernprozessmodell. Er unterteilt den PROZESS DES SELBSTREGULIERTEN LERNENS IN DREI PHASEN:

- **Präaktionale Phase:** die Planungsphase vor dem Lernen

- **Aktionale Phase:** die Phase während des Lernens

- **Postaktionale Phase:** die Reflexionsphase nach dem Lernen

Am besten lassen sich die Phasen anhand eines Beispiels verdeutlichen. Stell Dir einen Schüler vor, der sich vorgenommen hat, seine Hausaufgaben vollständig, ordentlich und zügig zu erledigen. Neben einer Mathematikaufgabe hat er auch Hausaufgaben in Englisch und Französisch zu erledigen, wobei es hauptsächlich um Vokabeln geht.

6.1 PRÄAKTIONALE

---

[30] Schmitz, B.; Wiese, B. S. (2006): New perspectives for the evaluation of training sessions in self-regulated learning – Time-series analyses of diary data. In: Contemporary Educational Psychology, Vol. 31 (1), S. 64-96

[31] Heckhausen, J.; Heckhausen, H. (Hrsg.) (1999): Motivation und Handeln, 2. Aufl., Heidelberg: Springer Verlag

PHASE

Diese Phase gliedert sich in Teilaspekte. Ausgangssituation ist eine Aufgabe, die bearbeitet werden muss, im Fallbeispiel sind das die Hausaufgaben. Die Ziele setzt sich der Schüler anhand der Aufgabenstellung sowie der persönlichen und situativen Voraussetzungen. Wichtig dabei ist, dass Dir bewusst wird, dass selbstregulative Prozesse nicht für jede Art von Aufgaben erforderlich sind. So gibt es beispielsweise immer Hausaufgaben, die sehr schnell und leicht zu erledigen sind. Der Schüler muss sich hierfür weder Ziele setzen noch motivieren oder Strategien zur Lösung anwenden. Das gilt zum Beispiel für eine Aufgabe mit einer einfachen mathematischen Gleichung. Sobald die Aufgabe komplexer wird, muss der Schüler vor dem Start der Hausaufgaben seine Ressourcen wie Motivation, Energie und Emotionen prüfen. Er wird die Aufgabe nur dann angehen, wenn er überzeugt ist, noch genügend Ressourcen zu haben. Die sind allerdings schnell über- oder unterschätzt. Neben den hier geschilderten kognitiven und motivationalen Funktionen geht es um Emotionen als Begleiter im Lernprozess. Sie spielen in allen Phasen eine wichtige Rolle, sind jedoch vor allem in der präaktionalen Phase prominent beteiligt. So können sich während der Vorbereitung Angst oder Unlust zeigen, vielleicht aber auch die Hoffnung auf einen Erfolg oder sogar Neugier. Der Schüler könnte nun seine Bereitschaft, sich anzustrengen, einschätzen. Fehlt es an der Motivation, könnten Strategien der Selbstmotivation genutzt werden, zum Beispiel, indem sich der Nutzen der Aufgabe bewusst gemacht wird. Kommt der Schüler zu der Annahme, seine Motivation reicht nicht aus, kann es sein, dass die Aufgabe in dieser Sondierungsphase gar nicht erst begonnen wird. Ein weiterer Aspekt ist die Prüfung der eingesetzten Lernstrategie und des Vorwissens. Erst wenn der Schüler zu dem Ergebnis gekommen ist, wie schwer oder leicht die Aufgaben sind, welche Zeit für die Bearbeitung benötigt wird, ob er motiviert ist und ob er bereit ist, sich anzustrengen, sind die Voraussetzungen für eine Zielsetzung gegeben. Genau diese Zielsetzung ist der Kern innerhalb der Selbstregulation.

Idealerweise sind bereits definierte Oberziele vorhanden, wie eine gute Note in der nächsten Klassenarbeit. Aktuelle Ziele könnten eine bestimmte Anzahl von bearbeiteten Seiten sein, die Aufgabenart gut zu verstehen oder die Bearbeitungszeit der Hausaufgaben zu verkürzen. Je konkreter, spezifischer, anspruchsvoller oder zeitnaher ein Ziel ist, desto besser eignet es sich, um eine hohe Leistung zu erreichen. Angenommen, der Schüler hat sich vorgenommen, drei Mathematikaufgaben zu lösen. In diesem Fall sieht die Planungsphase wie folgt aus:

- Der Schüler analysiert die Aufgaben und aktiviert sein Vorwissen, um über Lösungsschritte nachzudenken. Er könnte außerdem über das eigene Vorgehen nachdenken, zum Beispiel, indem er sich seine gewohnte Art der Bearbeitung schwieriger Aufgaben vor Augen führt.

- In Bezug auf seine Motivation denkt der Schüler nach, wie viel Zeit er veranschlagen möchte und was er tun kann, falls er plötzlich keine Lust mehr hat.

- Der Schüler setzt sich das Ziel, akribisch, aber schnell vorzugehen. Er erinnert sich an beispielhafte Lösungsschritte aus dem Unterricht und beschließt, diese auf die Aufgaben zu übertragen.

6.2 AKTIONALE PHASE

Nach vorangegangener Planung nimmt der Schüler nun die Aufgabenbearbeitung in Angriff. Er setzt dabei Strategien zur Aufgabenbearbeitung ein, die in der Regel dem Bereich der kognitiven Lernstrategien zugeordnet werden. Wild und Schiefele[32] unterscheiden VERSCHIEDENE KLASSEN DER LERNSTRATEGIEN:

- **Kognitive Lernstrategien:** Organisieren der Aufgaben, Herstellen von Zusammenhängen, kritische Prüfung, Wiederholung

- **Metakognitive Lernstrategien:** Planung, Selbstüberwachung, Regulation

- **Ressourcenbezogene Lernstrategien:** Aufmerksamkeit, Anstrengung, Zeitmanagement

- **Externe Lernstrategien:** Umgebung des Lernens, Lernen mit Mitschülern, Nutzung von Literatur

Der Schüler hat bereits beschlossen, Zusammenhänge zu bereits bearbeiteten Aufgaben herzustellen, die er erfolgreich lösen konnte. Er achtet darauf, ungestört zu arbeiten, oder beschließt, die Aufgaben mit einem Freund zu erledigen. Er könnte sich auch einen Zeitplan machen, bis wann er genau fertig sein will. Mit günstigen Ergebnissen ist zu rechnen, wenn er den Vorgang des Lernens über einen möglichst

---

[32] Wild, K. P.; Schiefele, U. (1994): Lernstrategien im Studium – Ergebnisse zur Faktorenstruktur und Reliabilität eines neuen Fragebogens. In: Zeitschrift für Differentielle und Diagnostische Psychologie, Vol. 15 (4), S. 185-200

langen Zeitraum aufrechterhalten kann. Er muss die ihm zur Verfügung stehende Zeit allerdings auch effektiv nutzen. Die Lernzeit selbst ist ein Indikator für Quantität, während tiefenorientierte Lernstrategien für Qualität sorgen. Sobald Probleme auftreten, ist es wichtig, das Engagement zu halten und sich stärker auf die Aufgabe zu konzentrieren und abschweifende Gedanken zu verbannen. Während dieser Phase gewinnt daher die volitionale, die willentliche Komponente an Bedeutung. Der Schüler überwacht zudem permanent seine Lernhandlung, auch Self-Monitoring genannt. Damit ist Beobachtung des eigenen Verhaltens gemeint, um den Ist-Zustand festzustellen. Durch Self-Monitoring ist der Schüler in der Lage, zu kontrollieren, ob er eine hilfreiche Strategie anwendet und damit gut fortschreitet. Außerdem hat das Monitoring allein schon ein Mehrwert. Sein Verhalten wird ihm bewusster und kann einen Vergleich mit den eigenen Maßstäben und Ansprüchen auslösen. Mit der metakognitiven Strategie der Regulation kann er seine Teilergebnisse mit bestimmten Maßnahmen korrigieren und somit feststellen, ob er tatsächlich selbstreguliert vorgeht. Im Idealfall führt der Schüler Tagebuch über seine Aufgaben, in dem er Strategien notiert. Kommt er nicht weiter, könnte er damit leichter sein Vorgehen ändern und andere Strategien anwenden.

6.3 POSTAKTIONALE PHASE

In der dritten Phase reflektiert der Schüler die Ergebnisse seiner Aktionen und zieht eventuell Konsequenzen für weitere Lernprozesse. Schmitz und Wiese[33] nennen verschiedene Möglichkeiten postaktionaler Variablen. Positive postaktionale Variablen wären Stolz oder

---

[33] Schmitz, B.; Wiese, B. S. (2006): New perspectives for the evaluation of training sessions in self-regulated learning – Time-series analyses of diary data. In: Contemporary Educational Psychology, Vol. 31 (1), S. 64-96

Zufriedenheit. Negative Variablen könnten Scham sein, weil die Aufgaben nicht bewältigt wurden oder Versagensangst, weil eine Klassenarbeit bevorsteht, bei der dieser Aufgabentyp abgefragt wird. Außerdem lassen sich als Ergebnis des Lernprozesses subjektive Einschätzungen ableiten, wie Zufriedenheit mit dem Lernen oder Überraschung, den Stoff gemeistert zu haben. Daneben ist der quantitative Aspekt mit der Menge des Gelernten oder der qualitative Gesichtspunkt wichtig, der auf das Ausmaß des Verstehens Bezug nimmt. Weitere Kriterien sind die Performance oder Leistungsparameter. Der Schüler aus dem Beispiel wird nach Beendigung der Hausaufgaben überlegen, ob es ihm gelungen ist, alle Aufgaben zu bearbeiten und zu lösen, ob er konzentriert war und mit seinem Ergebnis zufrieden ist. Er kann ebenfalls reflektieren, ob er etwas Neues gelernt hat oder den Schulstoff gut verstanden hat. Möglicherweise entsteht eine Diskrepanz zwischen Ist- und Soll-Zustand. Zu bewerten ist der Abstand zwischen diesen beiden Zuständen. Fällt er sehr groß aus, ist eine negative Bewertung die Folge. Konnte der Schüler wenige bis keine der Mathematikaufgaben lösen, wird er sich schämen und als Versager fühlen oder er fühlt sich schuldig und hat viele aufkommende Ängste. Neben diesem Prozess der Selbstreflexion wirken sich Normen auf die Bewertung aus. Der Schüler könnte darüber nachdenken, warum es ihm nicht gelungen ist, dass er die Hausaufgaben nicht oder nur unzureichend bearbeiten konnte. Eventuell fand er die Aufgaben zu anstrengend oder zu schwer oder er attestiert sich eine geringe Begabung für Mathematik. Er könnte ebenfalls überlegen, ob die anderen Schüler aus der Klasse die Aufgaben richtig lösen konnten. Gemäß Rheinberg und Günther[34] haben solche individuellen Bezüge einen positiven Effekt auf Leistungen. Automatisch werden aktuelle Leistungen mit vergangenen Leistungen verglichen. Ist der Schüler mit seinem Ist-Soll-Vergleich unzufrieden, plant er im besten Fall eine nachfolgende Handlung als Ergebnis seiner Überlegungen. Er könnte

---

[34] Rheinberg, F.; Günther, A. (1999): Ein Unterrichtsbeispiel zum lehrplanabgestimmten Einsatz individueller Bezugsnormen. In: Rheinberg, F.; Krug, S. (Hrsg.), Motivationsförderung im Schulalltag, Göttingen: Hogrefe Verlag, S. 55-68

die Strategie der Aufgabenbearbeitung ändern oder seine Ziele anpassen. Eventuell kommt er auch auf die Idee, Klassenkameraden oder die Eltern um Hilfe zu bitten. Wichtig, um Lernziele zu erreichen, ist es, für die nächste Lernhandlung Vorsätze zu fassen, die bei nächster Gelegenheit aufgegriffen werden. Nur so erreicht er die für selbstregulierende Lernhandlungen so wichtige Feedbackschleife, die ihm kontinuierliches Lernen garantiert.

6.4 LERNSTRATEGIEN, UM SELBST-REGULIERENDES LERNEN ZU FÖRDERN

Aus diesem Modell des selbstregulierten Lernens lassen sich Strategien für das alltägliche Lernen und die schulische Praxis ableiten. In der präaktionalen Phase ist vor allem die Zielformulierung entscheidend.
Ziele sollten daher den Anforderungen des SMART-Prinzips entsprechen. SMART steht für

- S wie specific: Ziele müssen konkret formuliert werden, um erkennen zu können, wann und ob das Ziel erreicht wird.

- M wie meaningful: Das Erreichen des Ziels muss für den Lernenden bedeutend sein, was bei der Formulierung zu beachten ist.

- A wie achievable: Erreichbar formulierte Ziele werden die Motivation fördern, falsch formulierte oder falsch gesetzte Ziele hingegen hemmen. Trotzdem sollte ein Ziel herausfordernd sein.

- R wie realistic: Das Ziel soll realistisch sein. Es sollte weder zu leicht noch unerreichbar sein.

- **T wie timely:** Das Erreichen des Ziels soll zeitlich festgelegt sein.

Es kann sinnvoll sein, mit Schülern Zielvereinbarungen zu treffen. Diese werden wie Verträge aufgesetzt und legen die Zielvereinbarungen genau fest, ebenso in welchem Zeitraum die Ziele erreicht werden sollen. Eine Strategie, die während der aktionalen Phase entscheidend ist, stellt der Umgang mit allem dar, das von der Arbeit ablenkt. Neben Hinweisschildern an der Tür wie "Hausaufgaben – bitte nicht stören" geht es vor allem um die Gedanken. Häufig treten störende Gedanken wie "Ich kann das sowieso nicht!" auf. Eine einfache, aber effektive Strategie wäre der "Gedankenstopp". Sobald störende Gedanken auftauchen, stellen sich Kinder einfach ein großes Stopp-Schild vor. Mit ein wenig Übung gelingt es ihnen, den Gedankenkreislauf mit der Zeit zu durchbrechen. Eine weitere Strategie mit ablenkenden oder destruktiven Gedanken wäre das "positive Umformulieren". Dabei handelt es sich um eine Selbstinstruktion, die in negativen Sachverhalten positives Potenzial entdeckt. Statt zu denken "Ich bin unfähig, diese Aufgabe zu lösen", wird der Gedanke umformuliert in "Natürlich werde ich eine Kleinigkeit finden, die ich lösen kann!" Diese Strategie kann auch in die Übungsphase mitgenommen werden.

Das selbstregulierte Lernen wird im schulischen Unterricht noch zu wenig gefördert. An Methoden fehlt es nicht. Die Integration in den Schulunterricht kann beispielsweise erfolgen, indem Schüler Wahlmöglichkeiten erhalten. Projektarbeiten oder Wochenpläne fördern die Autonomie, da selbstständiges Erforschen, Erkunden, Handeln und Lernen gefordert sind. Stationenlernen oder Gruppenarbeiten fördern ebenfalls die Eigenständigkeit. Wichtig bei selbstreguliertem Lernen ist das regelmäßige Feedback. Rückmeldungen helfen dabei, das Lernverhalten anzupassen. Lehrkräfte sollten nicht nur den Lernprozess bewerten, sondern auch seine verschiedenen Aspekte kommentieren. Während informatives Feedback den Schüler auf Stärken und Schwächen hinweist, ist vor allem motivierendes Feedback gefragt, da ein enger Zusammenhang zur Ursachenbeschreibung besteht. Erklärt der Lehrer "Die Aufgaben waren zu schwer für dich" oder "Mathematik ist nicht deine Stärke", so weisen diese Bezüge auf eine mangelnde Fähigkeit oder Dinge, die außerhalb der Kontrolle des Schülers liegen, dadurch wird das zwangsläufig die Motivation für folgende Lernprozesse abmindern. Gibt die Lehrkraft eine Rückmeldung, die so gestaltet ist, dass der Schüler das Gefühl erhält, durch Änderungen die Kontrolle über die Situation zu haben, liegen Verantwortung und neue Erfolgsmöglichkeiten in der Hand des Schülers, wodurch die Motivation steigt. Weiteres Potenzial liegt im Modellverhalten. Wenn Lehrer sich im Unterricht so verhalten, wie sie es von den Schülern wünschen, das heißt, Strategien der Selbstregulation an sich selbst anwenden, hat das eine Vorbildfunktion. Das wird durch eine transparente Zielsetzung für die jeweilige Unterrichtsstunde erreicht und einen Unterrichtsstil, der planend und motivierend zugleich ist. Strategien der Selbstregulation können auch direkt vermittelt werden, indem kognitive Lernstrategien wie Möglichkeiten des besseren Textverständnisses mit Strategien kombiniert werden, die auf die motivationale und metakognitive Ebene abzielen. Das bedeutet eine Kombination von fachlichen Inhalten und überfachlichen Strategien.

Damit vermittelte Strategien langfristig greifen, sollten sie in verschiedene Anwendungskontexte eingebettet werden, damit ein Transfer in andere Themenfelder für Schüler jederzeit möglich wird. Vor allem die Wirksamkeit der Selbstbeobachtung konnte in verschiedenen Studien nachgewiesen werden, speziell dann, wenn Lernleistungen über einen gewissen Zeitraum in Tagebüchern dokumentiert werden. Der ideale Einstieg, um Selbstbeobachtung zu vermitteln, sind Projekttage, die einen direkten Bezug zum Fachunterricht aufweisen. Fehlt der Bezug, kann es für die Schüler schwierig werden, den Transfer der Strategien zu leisten. Weiterhin haben sich Trainings bewährt, die regelmäßig in den Unterricht eingebaut werden. So können sich

Strategien über einen längeren Zeitraum festigen und die Schüler bringen eigene Erfahrungen in das Training ein. Sollen Selbstregulationsstrategien in den regulären Unterricht eingebunden werden, ist es empfehlenswert, dass Lehrkräfte an spezialisierten Trainings vorab teilnehmen, um die Techniken optimal vermitteln zu können. Zu beachten ist der dadurch entstehende Mehraufwand, denn neben den fachlichen Inhalten müssen auch die Strategien in der Unterrichtsstunde vermittelt werden. Wie Studien gezeigt haben, lohnt sich dieser Einsatz. Wenn fachliche Inhalte für einen gewissen Zeitraum reduziert werden können, um die Strategien zu erlernen und einzuüben, gelingt den Schülern der Transfer leichter. Zusammenfassend lässt sich sagen, dass die Vermittlung der Selbstregulationskompetenz zentral ist, um die Voraussetzungen für eigenverantwortliches Lernen in Schule und Ausbildung zu schaffen.

7. MOTIVATION

Im Kapitel über die Selbstregulation ging es immer wieder um die große Rolle der Motivation. Tatsächlich ist Motivation einer der entscheidenden Faktoren, wenn es darum geht, die menschliche Existenz voranzubringen. Stillstand würde Mittelmäßigkeit bedeuten, weshalb es auf der Hand liegt, dass die Forschung rund um Motivation und deren Optimierung ebenfalls ein zentrales Feld innerhalb der Pädagogischen Psychologie darstellt. In der empirischen Unterrichtsforschung geht es meist um die Verbesserung der Prozesse von Lehren und Lernen. Im Leistungskontext liegt ein besonderes Augenmerk auf der Motivation. Spinath[35] nennt dafür folgende GRÜNDE:

- Motivation fordert eine positive Einstellung zum Lernen und stellt somit ein eigenes Bildungsziel dar.

- Rein intuitiv erschließt sich bereits die Bedeutung von Motivation für Lernprozesse.

- Die Annahme ist weit verbreitet, dass Motivation leicht beeinflussbar ist, zum Beispiel, indem die Lehr- oder Lernbedingungen besser gestaltet werden.

- Motivation spielt in allen Lernphasen eine zentrale Rolle.

---

[35] Spinath, B. (2006): Motivation in der Pädagogischen Psychologie – Wie bedeutsam ist sie für Schulerfolg und wie leicht ist sie veränderbar? Positionsreferat im Rahmen des 45. Kongresses der Deutschen Gesellschaft für Psychologie

EIN FALLBEISPIEL

aus einer typischen Hausaufgabensituation verdeutlicht das: Bevor ein Schüler mit der Bearbeitung einer Aufgabe anfängt, muss er sich selbst motivieren, denn es gibt zeitgleich immer andere Aktivitäten, die attraktiver sind, zum Beispiel Freunde treffen, am Computer spielen, Fahrrad fahren. Sobald er die Entscheidung für die Hausaufgaben getroffen hat, ist es wichtig, dass er Strategien kennt, um seine Motivation beizubehalten. Bei der Kontrolle der Hausaufgaben durch die Eltern oder am nächsten Tag kann er feststellen, wie erfolgreich er war. Seine Fehler, aber auch die Gründe für Erfolg oder Misserfolg haben einen direkten Einfluss auf die Motivation am nächsten Tag. Glaubt der Schüler, er sei zu dumm, wird das dazu führen, dass er keine Lust auf die Hausaufgaben hat.

Interessant ist, dass die empirischen Untersuchungsbefunde bezüglich des Zusammenhangs zwischen Lernmotivation und Schulleistung keine eindeutigen Schlussfolgerungen zulassen. Auf jeden Fall gibt es geringe, aber durchaus positive Zusammenhänge. Motivierte Schüler erzielen bessere Lernergebnisse und Schüler mit mangelnder Motivation zeigen häufiger Lernprobleme. Helmke[36] hatte festgestellt, dass die Lernmotivation über die Schullaufbahn hin stetig abnimmt. Die höchste Motivation für die Fächer Mathematik und Deutsch war bei der Versuchsgruppe noch im Kindergarten zu finden. Über die Grundschulzeit war ein stetiger Abfall der Motivation zu verzeichnen, die niedrigsten Werte erzielten die Kinder in der 5. Klasse.

Doch was ist unter Lernmotivation überhaupt zu verstehen? Allgemein ist Motivation das, was einem Menschen Energie zu Taten verleiht und die Richtung seiner Tätigkeiten vorgibt. Motivation ist immer dann vorhanden, wenn bestimmte Bedürfnisse oder Interessen be-

---

[36] Helmke, A. (1993): Die Entwicklung der Lernfreude vom Kindergarten bis zur 5. Klassenstufe. In: Zeitschrift für Pädagogische Psychologie, Vol. 7 (2-3), S. 77-86

friedigt werden sollen. Bedürfnisse und Interessen sind ganz unterschiedlich, weshalb Menschen für ein und dieselbe Tätigkeit unterschiedlich motiviert sind. Laut Schiefele[37] ist Lernmotivation der Wunsch, sich bestimmte Inhalte oder Fähigkeiten anzueignen. Krapp[38] konkretisiert die Definition der Lernmotivation noch weiter: Es handelt sich dabei um die Beschreibung von Prozessen und Strukturen, die erklären, wie eine Lernhandlung zustande kommt und welche Effekte sich daraus ergeben. Die Beschäftigung mit Motivation in der Pädagogischen Psychologie kann daher dabei helfen, schulische Leistungsunterschiede zu erklären, die nicht aus einem Unterschied in Intelligenz und anderen Fähigkeiten resultieren.

Die Feldtheorie von Lewin[39] ist nicht nur ein sehr bekannter Ansatz, um menschliches Verhalten zu erklären, sondern liefert auch Ansatzpunkte, um zu verstehen, wie Motivation entsteht. Lewin geht davon aus, dass nur dann Voraussagen und Erklärungen über das Verhalten einer Person getroffen werden können, wenn ebenfalls die Umweltbedingungen berücksichtigt werden. Auch die subjektive Wahrnehmung eines Menschen ist dabei zu integrieren. Das bedeutet, das gezeigte Verhalten hängt davon ab, wie eine Person sich selbst sieht, aber auch, welche fördernden oder hinderlichen Bedingungen in ihrer Umwelt wahrgenommen werden. Lewin fasst das in der Formel $V = f(P, U)$. V steht für Verhalten, P sind die Personenfaktoren und U die Umweltfaktoren. Übertragen auf das Bildungswesen zeigt sich, dass Schulmerkmale (P) und das Interesse an einem Fach oder der Lernumwelt

---

[37] Schiefele, U.; Köller, O. (2010): Intrinsische und extrinsische Motivation. In: Rost, D. H. (Hrsg.), Handwörterbuch Pädagogische Psychologie, Weinheim: Beltz Verlag, S. 303-310

[38] Krapp, A. (1993): Psychologie der Lernmotivation – Perspektiven der Forschung und Probleme ihrer pädagogischen Rezeption. In: Zeitschrift für Pädagogik, Vol. 39 (2), S. 187-206

[39] Lewin, K. (1963): Verhalten und Entwicklung als eine Funktion der Gesamtsituation. In: Lewin, K., Feldtheorie in den Sozialwissenschaften, Bern: Huber Verlag, S. 271-329, übersetzt von Lang, A.; Lohr, W.

(U) den entscheidenden Einfluss auf Motivation und das damit zusammenhängende Lernverhalten haben. Weder Lehrer noch Eltern können auf die individuellen Eigenschaften einer Persönlichkeit Einfluss nehmen, daher liegt der Ansatzpunkt, um Motivation zu fördern, in einer positiven Veränderung der Lernumgebung.

Lernmotivation kann sehr unterschiedliche Aspekte haben, die sich in ihrer Qualität unterscheiden. Wichtig ist, intrinsische und extrinsische Lernmotivation voneinander abzugrenzen. Intrinsisch bedeutet, dass der Lernende aus der Sache heraus oder aus sich selbst motiviert ist, etwas Neues zu erfahren. Zum Beispiel wird ein Buch gelesen, weil das Lesen als freudvolle Beschäftigung erfahren wird. Extrinsisch meint, dass ein Schüler motiviert wird, weil ihn entweder eine Belohnung oder Bestrafung als Reaktion auf sein Lernverhalten erwartet. Das veranlasst ihn dann zum Lernen, obwohl er es eigentlich nicht möchte. So würde der Schüler das Buch nur lesen, weil ihm eine schlechte Note im Deutschunterricht droht. Einige Studien im Feld der Pädagogischen Psychologie haben gezeigt, dass sich die jeweilige Art der Motivation auch auf weitere Variablen auswirken kann. Bei einer intrinsischen Motivation haben die Schüler mehr Interesse, Freude und Optimismus bei der Erledigung von Aufgaben. Das hat direkte Auswirkungen auf das Durchhaltevermögen und die Leistung. Es zeigte sich, dass bei einer intrinsischen Lernmotivation auch die Qualität der Ergebnisse insgesamt besser ist und sozusagen den Zielzustand des Unterrichtes abbildet.[40]

---

[40] Csikszentmihalyi, M.; Schiefele, U. (1993): Die Qualität des Erlebens und der Prozess des Lernens. In: Zeitschrift für Pädagogik, Vol. 39 (2), S. 207-221

7.1 MOTIVATION FÖRDERN

Die Selbstbestimmungstheorie, die Deci und Ryan[41] aufgestellt haben, nennt DREI BEDÜRFNISSE, die befriedigt sein müssen, damit intrinsische Motivation möglich wird:

1. Bedürfnis nach dem Erleben von AUTONOMIE

2. Bedürfnis nach dem Erleben von KOMPETENZ

3. Bedürfnis nach SOZIALER EINGEBUNDENHEIT

Bedürfnis nach dem Erleben von Autonomie

Es liegt in der Natur der Menschen, dass sie Handlungen selbst initiieren möchten. Soll ein Schüler ein Referat halten, wird er stärker motiviert sein, wenn er seine Quellen selbst bestimmen kann, welche Inhalte er einbauen möchte und wie er den Aufbau insgesamt gestaltet. Schreibt ihm die Lehrkraft alles vor, wird sich das nachteilig auf die Motivation auswirken.

Bedürfnis nach dem Erleben von Kompetenzen

Bei der selbstständigen Arbeit möchten Personen sich selbst als kompetent wahrnehmen. Der Schüler aus dem vorangegangenen Beispiel wird sich bei seinem Referat nur als kompetent erleben, wenn er positive Rückmeldungen erhält und das Referat autonom vorbereitet hat. Waren die Vorgaben seitens der Lehrkraft sehr eng und waren sogar Korrekturen erforderlich, wird er das als Kontrolle erleben und fühlt

---

[41] Deci, E. L.; Ryan, R. M. (1985): Intrinsic motivation and self-determination in human behavior. New York: Plenum Press

sich daher für den Erfolg am Ende nicht mehr verantwortlich. Das bedeutet, dass eine Einschränkung der Autonomie auch zu einem Verlust des Kompetenzerlebens führen kann. Gemäß der Theorie von Deci und Ryan wird intrinsische Motivation durch Einschränkungen der Selbstbestimmung wie strikte Vorgaben oder Kontrolle sowie das Gefühl einer geringen Kompetenz in Form negativer Rückmeldungen verhindert. In Feldstudien zeigte sich klar, dass Lehrkräfte, die bei den Schülern eine gewisse Autonomie zulassen, mehr Neugierde und somit intrinsische Motivation erzeugen, als Lehrer, die eine starke Kontrolle ausüben.[42] Schüler, deren Lernprozess an viele enge Vorgaben gebunden ist, zeigen weniger Initiative und lernen weniger effektiv.

Bedürfnis nach sozialer Eingebundenheit

Um das Bedürfnis nach sozialer Eingebundenheit zu erfüllen, müssen Schüler sich im Kontext einer Leistungssituation sicher fühlen. Das beinhaltet auch das Bedürfnis, von anderen anerkannt zu werden. Die Lehrperson sollte im Schulalltag als eine Person erlebt werden, die Wertschätzung zu geben weiß. Als kalt und gefühllos empfundene Lehrer erzeugen bei Schülern nachweislich eine geringere intrinsische Motivation.

7.2 UNTER DIESEN BEDINGUNGEN ENTWICKELT SICH INTRINSISCHE MOTIVATION

Gemäß der Selbstbestimmungstheorie von Deci und Ryan entwickelt sich intrinsische Motivation von Schülern unter diesen Bedingungen:

---

[42] Flink, C.; Boggiano, A. K.; Barratt, M. (1990): Controlling teaching strategies – Undermining children's self-determination and performance. In: Journal of Personality and Social Psychology, Vol. 59 (5), S. 916-924

1. Es werden wenig Vorschriften für den Lernprozess aufgestellt und auch durch Eltern und Lehrer wird kaum Kontrolle ausgeübt. Der Lernende bestimmt seinen Weg weitestgehend selbst.

2. Der Schüler nimmt eine Unterstützung seiner Kompetenz wahr, indem die Erfahrung gemacht wird, die Aufgabe selbst lösen zu können. Erfolgen abwertende Rückmeldungen, hat das die Auswirkung, die eigene Kompetenz als geringer wahrzunehmen.

3. Wenn Schüler von Lehrern und Eltern wertgeschätzt werden, stärkt das ihr Gefühl der sozialen Eingebundenheit.

Prenzel[43] hat diesen Bedingungen noch weitere Aspekte hinzugefügt:

- Zeigen Lehrende selbst ihr Interesse und ihre Begeisterung für die Lerninhalte, kann das bei Schülern Begeisterung hervorrufen. Findet der Lehrer ein Thema selbst langweilig, werden auch die Schüler daran keinen Gefallen finden.

- Schüler sollten in den Lerninhalten einen Praxisbezug zu ihrer eigenen Welt wahrnehmen. Erfahren sie Anwendungszusammenhänge und Nutzungsmöglichkeiten, steigert sich dadurch das Interesse.

- Lehrkräfte sollten Schülern die Möglichkeit geben, Inhalte aktiv zu erarbeiten. Die ideale Unterrichtsqualität ist durch Transparenz gekennzeichnet, was einen sinnvollen Aufbau der Stunde, aber auch eine didaktisch angemessene Wahl der Methoden und Medien beinhaltet.

---

[43] Prenzel, M. (1996): Bedingungen für selbstbestimmt motiviertes und interessiertes Lernen im Studium. In: Lompscher, J.; Mandl, H. (Hrsg.), Lehr- und Lernprobleme im Studium - Bedingungen und Veränderungsmöglichkeiten, Göttingen: Huber Verlag, S. 11-22

Natürlich ist es der Idealzustand, wenn Schüler intrinsisch motiviert sind. Im Unterrichtsalltag zeigt sich aber immer wieder, dass Themen nicht in Resonanz gehen. Einige Themen wie das Lernen von Vokabel sind von ihrem Wesen her unattraktiv, sodass hier nur wenig Potenzial besteht, Schüler zu begeistern. Somit liegt es auf der Hand, dass die Lehrperson von außen Anreize geben muss, um den Lernstoff attraktiver zu gestalten. Auch die extrinsische Motivation muss an dieser Stelle noch einmal ins Spiel kommen. Hier wird die Lernhandlung nur ausgeführt, damit ein Ergebnis erreicht oder eine Sanktion abgewendet wird. Klassisches Beispiel ist der Schüler, der für eine Zwei in der Klassenarbeit fünf Euro erhält. Oder der Schüler, der vom Fußballtraining abgemeldet wird, wenn er eine Fünf im Zeugnis bekommt. Extrinsische Anreize einzusetzen, ist durchaus effektiv und darf daher von Eltern und Lehrern verwendet werden, um die Motivation zu erhöhen.

Ideal ist es, wenn Aufgaben so konzipiert werden, dass sie in einem Schüler eine intrinsische Motivation erzeugen. Die Lehrkraft kann Aufgaben so gestalten, dass Hobbys und Interessen der Schüler berücksichtigt werden. In einer mathematischen Textaufgabe können zum Beispiel angesagte Bands vorkommen. Vor allem kommt es jedoch auf die gewählte Methode an. Das wenig spannende Vokabellernen wird unweigerlich interessant, wenn es mit spielerischen Aktivitäten verknüpft ist. Schließlich ist Spiel ein kindliches Grundbedürfnis und damit eine bedeutsame Form des Lernens.

METHODEN ZUR FÖRDERUNG DER LERNMOTIVATION

Motivation spielt in allen Phasen des Lernprozesses eine wichtige Rolle. Doch wie kann die Motivation gezielt gefördert werden? Sinnvoll ist es, die drei Phasen aufzugreifen, die Du schon aus dem Kapitel der Selbstregulation kennst.

Förderung präaktionaler Lernmotivation

Gelingt es im Vorfeld nicht, die Motivation zu wecken, wird der Schüler gar nicht erst mit seinen Aufgaben starten. Bewährt haben sich diese Strategien:

- Um intrinsische Motivation zu fördern, werden Aufgaben interessant gestaltet. Dieses Vorgehen eignet sich für Textaufgaben und für Diktate. Gut kann es sein, die Schüler selbst an der Gestaltung der Aufgaben zu beteiligen.

- Ein extrinsischer Anreiz, der nicht materieller Natur ist, wäre es, den Schülern zu versprechen, am Ende des Unterrichts eine Geschichte vorzulesen. Eine weitere Idee wäre es, den schon vorher erwähnten Lernvertrag abzuschließen. Ist das individuell vereinbarte Ziel, zum Beispiel fünfmal korrekt die Hausaufgaben zu machen, erreicht, erhält der Schüler die vereinbarte Belohnung. Ziel bei solchen Verträgen muss es immer sein, ein autonomes Lernverhalten zu fördern, bei dem der Schüler sich seine eigenen Vorgaben setzt. Die Wirkung solcher Verträge kann durch das Einbeziehen der Eltern verstärkt werden.

- Fächerübergreifender Unterricht greift Themen mehrdimensional auf, was tiefergehendes Verständnis fördert.

- Das aktuelle Lernziel einer Stunde wird Schülern mitgeteilt.

In dieser Phase ist die Gefahr durch Ablenkung am größten. Diese Strategien können eingesetzt werden:

- Wahlaufgaben mit unterschiedlichem Schwierigkeitsgrad, wodurch die Selbstbestimmung erhöht wird.

- Einsatz von vielfältigen Lehrmethoden, die hauptsächlich intrinsische Motivation erzeugen.

- Statt auf Kontrolle durch die Lehrer auch auf die Eigenkontrolle der Schüler setzen.

- Ist ein Schüler nicht in der Lage, eine Aufgabe zu lösen, sollte ihm die Arbeit nicht abgenommen werden. Zu empfehlen ist prozessorientiertes Vorgehen wie geleitetes Fragen, das auf dem Weg zur selbstständigen Lösung unterstützt.

- Einsatz von selbstbestimmten Lernmethoden wie die Jigsaw-Methode, bei der sich in der Gruppe intensiv mit einem Teilbereich des Themas auseinandergesetzt wird. In der zweiten Phase bilden sich neue Gruppen mit jeweils einem "Experten" des jeweiligen Teilbereichs. Diese "Experten" vermitteln ihr Wissen an die anderen.

- Eine Lehrkraft, die auf Wünsche, Sorgen und Interessen der Schüler hört, kann ebenfalls motivationsförderlich sein.

- Transfer zur Anwendung des Gelernten im Alltag und Brückenschlag zu Lerninhalten anderer Fächer.

- Ziele und Strukturen des Unterrichtes sollten verdeutlicht werden, hierzu eigenen sich Tafelbilder.

- Stärkere Einbettung von visuellen Elementen in den Unterricht wie Filme oder Fotos.

Förderung postaktionaler Lernmotivation

Lernergebnis und gefundene Erklärungen für dieses Ergebnis sollen sich möglichst nachhaltig auf die zukünftige Lernmotivation auswirken. Eltern und Lehrkräfte können auf folgende Strategien zurückgreifen:

- Kompetenzunterstützung wird wahrgenommen durch die ART DES FEEDBACKS. Viele Menschen melden nur Schlechtes zurück und konzentrieren sich auf die Fehler. Positiv auf die Motivation wirkt sich aus, wenn rückgemeldet wird, was gut war. Außerdem beinhaltet konstruktive Kritik Vorschläge, wie sich die Bewältigung einer Lernaufgabe optimieren lässt. Wichtig ist, keine Vergleiche mit anderen Schülern zu ziehen, und lieber eine individuelle Bezugsnorm herstellen. Vor allem leistungsschwache Schüler können bei derartigen Vergleichen nachhaltig die Motivation verlieren. Der Vergleich mit den eigenen Fehlern und Erfolgen kann hingegen die Motivation deutlich steigern. Zum Beispiel kann hervorgehoben werden, dass es zwar beim Diktat eine Vier gab, die Rechtschreibung sich jedoch im Vergleich zur vorherigen Klassenarbeit erheblich verbessert hat. Das erzeugt bei einem Schüler das Gefühl, sich durch Anstrengung verbessern zu können.

- Lehrende sollten bei der Bewertung einer Leistung auf KAUSALATTRIBUTIONEN achten. Das heißt, es wird nach Ursachen gesucht, wie ein Ergebnis zustande kam. Die meisten Erklärungsansätze sehen den kausalen Zusammenhang für den Misserfolg der Schüler in diesem selbst (interne Attribution). Häufig werden die Gründe für ein Scheitern auch in der Lernumwelt gesehen (externe Attribution). Bei beiden Arten der Attribution hat der Schüler selbst wenig Einfluss darauf, etwas zu verändern. Die einzige Möglichkeit, Leistungsergebnisse durch eine Förderung der Motivation zu beeinflussen, stellt die intern-variable Attribution dar. Sind mangelnde Anstrengung oder Vorbereitung der Grund für die schlechte Leistung, lässt sich auf dieser Ebene etwas verändern.

- **EXTRINSISCHE VERSTÄRKER,** wie eine zu Anfang versprochene Belohnung, erhöhen auch am Ende des Lernprozesses die Motivation. Manchmal reicht Lob aus, doch ist hier Vorsicht angebracht: Wird ein Schüler für leichte Aufgaben zu überschwänglich gelobt, kann sich das negativ auf das Selbstkonzept auswirken. Der Schüler denkt dann, der Lobende hält ihn für derart inkompetent, dass es ihm nur möglich sei, extrem leichte Aufgaben zu lösen. Verbales Lob sollte daher herausfordernden Aufgaben vorbehalten sein.

Die Erforschung der Lernmotivation wird deshalb so intensiv in der Pädagogischen Psychologie verfolgt, weil damit Lernverhalten und Lernergebnis positiv beeinflusst werden können. Obwohl die Studienlage wie zu Beginn dieses Kapitels dargestellt nicht eindeutig ist, hat sich in der Forschung der Konsens etabliert, dass Motivation nicht direkt mit dem Ergebnis der Leistung verknüpft ist. Es geht vor allem darum, verschiedene Variablen auf dem Weg von der anfänglichen Motivation bis zum Ergebnis zu ermitteln. Welche Prozessvariablen dabei wirklich entscheidend sind, ist eine Frage, mit der sich die aktuelle Forschung in der Pädagogischen Psychologie beschäftigt.

8. MEDIEN

Medientechnologien prägen Ausbildung, Beruf und Freizeit des Menschen. Aufgrund der ständigen technologischen Entwicklung und der rasanten Ausbreitung von Medien muss in der Pädagogischen Psychologie der Einfluss auf den Menschen empirisch erfasst werden, damit Hilfestellung beim Umgang in Schule und Beruf erfolgen kann. Medien sind heute vor allem moderne Informationsträger und -vermittler auf Technologiebasis, doch lassen sich prinzipiell Laute, Schrift, Gebärden und Bilder als Medien beschreiben. Entsprechend der medialen Innovationen der Menschheitsgeschichte lassen sich drei Kulturstufen ausmachen:

- **Primäre Medienkultur bis 1450:** Einzeln hergestellte, personenbezogene Medien wie Tontafeln, Bücher, Bilder.

- **Technikbasierte Medienkultur:** Mit der Erfindung des Buchdrucks beginnen Vervielfältigungstechniken, was eine höhere Verbreitung von Medien erlaubt. Auch Informationen werden medial, zum Beispiel durch Zeitungen, verbreitet.

- **Tertiäre und quartäre Medien:** In der ersten Phase kommen Radio und Fernsehen auf, ab Mitte des 20. Jahrhunderts entstehen nach und nach computer- und netzwerkbasierte Medien, die digitale Daten nutzen und übermitteln.

Die wissenschaftliche Erforschung von Medien und deren Wirkung setzt am Anfang des 20. Jahrhunderts ein. Frühe wissenschaftliche Arbeiten untersuchen den Zusammenhang zwischen Mediennutzung und den individuellen psychologischen Merkmalen der Nutzer. Mit dem Aufkommen des Films wurden die sozialen Auswirkungen erforscht. So gab es bereits in den 1920er Jahren erste Warnungen vor unerwünschten Nebenwirkungen von Filmkonsum, aber auch den Hinweis, Filme unbedingt als Lernmedien zu nutzen. Ein weiteres Forschungsfeld war der Radiokonsum, wobei es in den 1930er Jahren nicht nur um Nutzungsverhalten, sondern auch um die Verbreitung von Propaganda ging. Bis 1960 stand die Frage nach der Glaubwürdigkeit von Informationsquellen im Mittelpunkt der Medienforschung, wobei es durchaus Skepsis gegenüber Massenmedien und ihrem Einfluss auf die Gesellschaft gab. Hovland und seine Kollegen[44] konnten den SLEEPER-EFFEKT nachweisen: Die Einschätzung der Glaubwürdigkeit von als glaubwürdig und unglaubwürdig eingestuften Informationsquellen nähert sich an, je mehr Zeit seit dem Konsum der Informationsquelle vergangen ist. Wird die Quelle wieder ins Bewusstsein gerufen, verändert sich die jeweilige Beurteilung.

Erst seit den 1960er und 1970er Jahren werden Medienphänomene mit psychologischen Theorien und Methoden untersucht, was vor allem gegenüber dem Fernsehen zu einer Medienskepsis führte. So wurden psychovegetative Störungen bei Kindern und eine Zunahme der Aggressivität mit Fernsehkonsum in Verbindung gebracht. Mit dem Aufkommen der Computer wurde die Medienpsychologie ab den 1980er Jahren zu einer eigenständigen Wissenschaft. Eine Schnitt-

---

44 Hovland, C. I.; Weiss, W. (1951): The influence of source credibility on communication effectiveness. In: Public Opinion Quarterly, Vol. 15 (4), S. 635-650

stelle zur Pädagogischen Psychologie besteht vor allem in Forschungen zu medienbezogenen Fähigkeiten wie Schreiben, Lesen und Bildrezeption. Eine besondere Ausdifferenzierung findet bei computerbasierten Medien statt. Vor allem wird der Computer als Lern- und Arbeitsmedium untersucht, aber auch als Kommunikationsmittel und Unterhaltungswerkzeug spielt er eine Rolle. In der Pädagogischen Psychologie im Bereich Medien geht es daher um die folgenden Themenfelder:

- Erwerb und Einsatz medienbezogener Fähigkeiten

- Bedeutung von Lehrmedien

- Gestaltung von Lehr- und Lernmedien

- Einsatz von Medien in Lernkontexten

- Fähigkeiten für einen kompetenten Umgang mit Medien

- Gefahrenpotenziale von Medien

8.1 LERNMEDIEN

Lernmedien sollen kognitive Prozesse auslösen, die dabei helfen, langfristig bestehende Wissensstrukturen anzupassen (Adaption), neue zu integrieren (Assimilation) und neue Strukturen aufzubauen (Akkommodation). Medien können außerdem Wissen automatisieren und schematisieren. Wenn Du Dich an das Modell von Piaget erinnerst, wird Dir auffallen, dass Verarbeitung neuer Informationen und die Verknüpfung mit bereits bestehendem Wissen im Arbeitsgedächtnis stattfindet. Da das Arbeitsgedächtnis begrenzt ist, muss medienbasiertes Lernen so gestaltet werden, dass Überlastungserscheinungen vermieden werden. Außerdem sollen bei der Gestaltung und dem Einsatz von Medien kognitive, motivationale und auch emotionale Anforderungen berücksichtigt werden, um Lernziele möglichst effizient zu erreichen.

Lernmedien werden anhand der Form der Medialität, der Codierung und der Modalität unterschieden. Ein Text kann als Buch oder als Computerdatei vorliegen, was ein Unterschied in der Medialität wäre. Ein Unterschied in der Kodalität wäre es, ob ein Text geschrieben oder gesprochen vorhanden ist. Je nach Rezeption über das Auge oder das Gehör liegen Unterschiede in der Modalität vor. Es wird vermutet, dass Hypertexte beim Lernen eine höhere Flexibilität aufweisen als konventionelle Texte. In Hypertexten werden Informationen netzwerkartig aus Texten, Bildern und Daten dargestellt. Das bringt einen Lernvorteil mit sich, da auch das Langzeitgedächtnis vom netzwerkartigen Wissensaufbau profitiert. Damit Hypertexte effektiv als Lernmedium genutzt werden können, ist eine entsprechende Lesekompetenz Voraussetzung. Ohnehin sind Texte in mündlicher und schriftlicher Form ein "Leitmedium". Sie sind eine zusammenhängende Ressource für Informationen. Wenn Texte mit weiteren Medien wie Animationen und Filmen verknüpft werden, wird das als Hypermedia bezeichnet. Lesekompetenz selbst besteht aus der Fähigkeit, Informationen wahrzunehmen, zu identifizieren, zu interpretieren und zu evaluieren.

Textverständnis

Bei Texten ist die lokale und die allgemeine Textkohärenz zu beachten. Lokal bezieht sich auf den thematischen Zusammenhang von zwei Sätzen, global auf alle Textinformationen. Ein Text ist leichter zu verstehen, wenn die globale Textkohärenz hoch ist und Inhalte kontinuierlich aufgebaut werden. In Hypertexten besteht die Herausforderung darin, Informationen gezielt auffinden zu können. Dabei werden sämtliche kognitive Ressourcen beansprucht. Grundlegende Voraussetzung dafür ist die Beherrschung der Schriftsprache und die der Konventionen der mündlichen Sprache. Laut Ergebnissen der PISA-Studie sind etwa 11 % der Menschen in Deutschland als funktionale Analphabeten einzustufen, was bedeutet, sie können ihren Namen schreiben und einzelne Wörter erkennen, haben aber Probleme, längere Texte zu verstehen. Mit dem Vorwissen steigt die Lesefähigkeit. Innerhalb einer Klasse fällt beispielsweise auf, dass es erhebliche Unterschiede in der allgemeinen Lesefähigkeit, der Lesegeschwindigkeit, Zugriff auf den Wortschatz, Wortschatzumfang und Textverständnis gibt. Ist das inhaltliche Vorwissen gering, ist es gerade bei Hypertexten besonders schwierig, entsprechende mentale Strukturen anzuregen. Außerdem lassen die Interpretation und die Evaluation der Inhalte zu wünschen übrig.

Beim Einsatz neuer Medien im Unterricht beeinflusst der Umgang mit computerbasierten Hypertexten maßgeblich den Lernerfolg. Conklin[45] hat für die mangelnde Orientierung Lernender mit diesen Texten mit "Lost in Hyperspace" sogar einen eigenen Begriff geprägt.

---

[45] Conklin, J. (1987): Hypertext – A survey and introduction. In: IEEE Computer, Vol. 20 (9), S. 17-41

Schüler, die bereits Erfahrung mit dem Medium und mit Hypertexten haben, zeigen daher generell größere Lernerfolge. Ob der mediale Einsatz tatsächlich erfolgreich wird, hängt von der Gestaltung ab. Entscheidend sind Merkmale wie Schriftart, Schriftgröße, Wort- und Satzlänge, Textordnung, Prägnanz und motivierende Textgestaltung. In der Pädagogischen Psychologie existieren verlässliche empirische Werte für diese Merkmale, allerdings ist die inhaltliche Beurteilung von Texten eine Herausforderung. Textverständlichkeit wird grundsätzlich nach diesen Kriterien beurteilt:

- Einfachheit
- Kürze/Prägnanz
- Gliederung/Ordnung
- Anregende Zusätze

Seit den 1970er Jahren war es Ziel in der Pädagogischen Psychologie, Modelle der Textverständlichkeit zu entwickeln. Zur Erarbeitung des "Hamburger Verständlichkeitskonzeptes" mussten die Studienteilnehmer Texte anhand von Gegensätzen wie "schwer/leicht" oder "langweilig/interessant" beurteilen. So gelangten die Forscher zu den Kriterien auf der oben aufgeführten Liste. Zeitgleich brachte der Psychologe Norbert Groeben[46] den "interaktionalen Ansatz" der Textverständlichkeit heraus. Textverständlichkeit ist nach diesem Modell die Interaktion zwischen dem Leser und dem Text, wobei Groeben auch die Kriterien des Hamburger Modells integriert. Die US-Forschergruppe um Kintsch legte einen kognitiven Ansatz vor. Konstruiert wurde eine textgeleitete und eine wissensgeleitete Richtung der Verarbeitung. Aus Sätzen werden mentale Repräsentationen oder Propositionen gebildet, wobei unter der Textoberfläche mit Buchstaben und Satzzeichen eine Bedeutung liegt, die dem Text Tiefenstruktur gibt.

---

[46] Groeben, N. (1978): Die Verständlichkeit von Unterrichtstexten – Dimensionen und Kriterien rezeptiver Lernstadien, 2. Aufl., Münster: Aschendorff

Textverständnis ist dann gegeben, wenn beide Strukturen adäquat präsentiert werden können.[47] Die Übersetzungswissenschaftlerin Göpferich entwickelte das "Karlsruher Verständlichkeitskonzept", das auf dem Hamburger Modell aufbaut. Göpferich kritisiert die Konzentration auf den reinen Text und rückt die Kommunikation in den Vordergrund, die aus Zweck, Adressat und Sender eines Textes besteht.[48] Wichtig ist hierbei die Einführung mentaler Modelle. Beim mentalen Denotatsmodell geht es um die Inhalte im Gedächtnis des Kommunikators, der sein Wissen vermitteln will. Je nach Adressaten muss die Kommunikation vereinfacht werden. Das mentale Konventionsmodell bezieht sich auf Standardformulierungen und Struktur. Werden hier die Regeln nicht eingehalten, gilt ein Text als unverständlich.

In Forschung und Praxis ergeben sich immer wieder Widersprüche mit den gängigen Modellen zum Textverständnis. Vor allem eine objektive und vergleichende Bewertung ist damit nur schwer möglich. Ein neuerer Ansatz in der Pädagogischen Psychologie zur Textverständlichkeit ist das "Hohenheimer Modell". Für einen Text werden vier wissenschaftlich validierte Lesbarkeitsformeln eingesetzt. Das sind Amstad Formel, Neue Wiener Sachtextformel, SMOG-Index und Lix-Lesbarkeitsindex. Außerdem fließen in die Bewertung Satzlänge, Satzteillänge, Wortlänge, Anzahl der Wörter mit mehr als 6 oder 12 Wörtern sowie Sätze mit über 20 Wörtern ein.

Bilder, Filme und andere Medien

Bilder und bewegte Materialien haben eine lange Tradition und nehmen verschiedene Funktionen in einer Lernumgebung wahr. Sind nur ästhetische Gründe für die Auswahl entscheidend, beansprucht die

---

[47] Kintsch, W.; van Dijk, T. A. (1978): Toward a Model of Text Comprehension and Production. In: Psychological Review, Vol. 85 (5), S. 363-394

[48] Göpferich, S. (2002): Textproduktion im Zeitalter der Globalisierung – Entwicklung einer Didaktik des Wissenstransfers, 2. Aufl., Tübingen: Stauffenburg-Verlag

kognitive Verarbeitung das Arbeitsgedächtnis derart, dass der Lernprozess eher behindert wird. Ein klassisches Beispiel ist die Serie "Sesamstraße". Kinder in Studien merkten sich hauptsächlich dekorative Elemente, behielten aber kaum die vermittelten Lerninhalte. Geklärt ist außerdem nicht, ob solche Formate die Motivation fördern können. Eindeutig unterstützen jedoch Grafiken und Diagramme den Lernprozess, da visuelle Routineprozesse automatisch ablaufen und mit Vorwissen interagieren. So wird ein Bild in seiner Gesamtheit wahrgenommen. Bilder erleichtern das Verständnis, indem sie veranschaulichen und konkretisieren. Damit verbessern sie bei einer Lernleistung den Gehalt an Wissen, der behalten wird. Wie bei der Textverarbeitung werden auch nur die wichtigsten Bedeutungselemente von Bildern mental repräsentiert.

Häufig herrscht die Annahme, dass Animationsfilme das Lernen stärker fördern. Metaanalysen in der Pädagogischen Psychologie zeigten jedoch klar, dass der Lernerfolg gegenüber klassischen Bildern nur durchschnittlich überlegen ist. Bei der Gestaltung von Lernanimationen und -filmen kommt es offensichtlich nicht nur auf die Gestaltung an, sondern auch darauf, ob diese Medien dynamische Prozesse im Arbeitsgedächtnis auslösen. Das wäre dann der Fall, wenn diese Filme so konzipiert sind, dass flüchtige Bilder das Arbeitsgedächtnis nicht überlasten. Tatsächlich führen Filme nicht zu höherem Lernerfolg, sondern Filme werden lediglich von den Lernenden im Vergleich zu Texten als "einfacher" empfunden. Dadurch strengen Lernende sich häufig weniger an und verknüpfen Inhalte des Films weniger gut mit ihrem Vorwissen. Nicht bestätigt hat sich auch die lange dominante Meinung, dass möglichst realistische Bilder den Lernerfolg steigern. Tatsächlich lernen Schüler durch abstrakte Bilder mehr als durch Filme, da Grafiken oder Piktogramme es erfordern, Vorwissen zu aktivieren. Falsche Erzähltechniken in Filmen überfordern vor allem Grundschulkinder. Fernsehkonsum regt zudem nachweislich weniger die Fantasie an. Trotzdem zeigte sich in Forschungen, dass interaktive

Medien, Filme oder Fernsehen eine ungünstige kognitive Entwicklung nicht automatisch bedingen. Damit Bilder das Lernen unterstützen, sind folgende Voraussetzungen wichtig:

- Bildelemente sind klar zu erkennen und zu differenzieren

- der Darstellungskontext ist realistisch

- Bilder sind differenziert

- logische Bilder geben den Sachverhalt wieder

- das gewählte Format wird durch die Bilder unterstützt

- zusammengehörende Bildelemente sind kenntlich gemacht

- die Bedeutung von Bildelementen folgt einer klaren Gestaltung

Multimedia

Lernmedien für den Computer werden seit den 1990er Jahren als Multimedia bezeichnet und wurden rasch populär. Dabei meint Multimedia nicht nur digitale Lernmaterialien, sondern jegliches Unterrichtsmaterial, das verschiedene Codierungsformen enthält und somit verschiedene Sinnesmodalitäten aktiviert. Geht es hingegen um den Bereich Interaktivität, sind computergestützte Lernmedien gemeint. Empirisch belegt ist, dass multimediale Lernumgebungen im Vergleich mit dem rein textbasierten Lernen höhere Lernerfolge erzielen. Das liegt laut Erklärung der Pädagogischen Psychologie auf der sogenannten dualen Codierung. Diese besagt, dass Informationsverarbeitung im verbalen und im piktoralen System erfolgt. Beide Systeme haben eine begrenzte Verarbeitungskapazität, agieren miteinander und unabhängig voneinander. Wenn verbale und piktorale Inhalte zusammen gelernt werden, verarbeiten beide Systeme die Lerninhalte, was zu einer doppelten Codierung führt und damit zu einer höheren Lernleistung. Davon ausgehend entwickelte Mayer die "kognitive Theorie des multimedialen Lernens". Hierbei besteht das Arbeitsgedächtnis aus einer phonologischen Schleife, einer Art visuellem Notizblock und einem Speichersystem für Episoden. Die Speicher haben eine zeitlich und inhaltlich begrenzte Aktivität, in der Schleife werden gehörte und gelesene Informationen verarbeitet. Im System gibt es einen Wiederholungsmechanismus, der phonologische Inhalte vor dem Verfall schützt, visuelle und räumliche Informationen speichert der Block wie eine Skizze. Das Episodengedächtnis integriert in der Zwischenzeit alle Informationen. Am Ende erfolgt die Kombination mit Inhalten aus dem Langzeitgedächtnis. Allerdings geht dieses Modell von einem Idealfall aus, denn nicht immer nutzen Lernende alle Informationen einer Ressource.

Genau diese Problematik greift das integrative Modell des Text- und Bildverstehens nach Schnotz auf. Auch hier wird auf der Wahrnehmungsebene und der kognitiven Ebene zwischen verschiedenen Kanälen unterschieden. Je nach Medienart wird entweder eine Text- oder eine Bildrepräsentation generiert und durch kognitive Prozesse eine mentale Repräsentation gebildet, beziehungsweise aus den bildbasierten Informationen ein mentales Modell. Diese mentalen Repräsentationen agieren kontinuierlich miteinander. Verbale und piktorale Inhalte sorgen daher gemeinsam dafür, ein neues mentales Modell zu konzipieren. Insgesamt weisen die Ergebnisse darauf hin, dass Lerninhalte mit Multimedia besser vermittelt und verstanden werden. Zu beachten ist dabei, dass multimediale Lernumgebungen laut Forschungsergebnissen der Pädagogischen Psychologie besonders vorteilhaft sind, wenn die Schüler noch ein geringes thematisches Vorwissen haben, aber ein sehr gutes räumliches Vorstellungsvermögen. Der Lernerfolg ist noch höher, wenn Texte auditiv mit Bildern kombiniert werden. Damit wird ein Maximum an Verfügbarkeit von Informationen im Arbeitsgedächtnis erreicht. In diesem Zusammenhang ist es noch wichtig, darauf hinzuweisen, dass die externen Belastungen einer Lernumgebung so weit wie möglich reduziert werden, damit sämtliche Kapazitäten für das Lernen zur Verfügung stehen.

ALLHEILMITTEL MULTIMEDIA

Einige Jahre lang war die Medieneuphorie in der Pädagogik und der Pädagogischen Psychologie nicht zu übersehen. Dabei darf nicht aus den Augen verloren werden, dass aufgrund der rasant fortschreitenden Technologie die Ergebnisse aus einem groß angelegten empirischen Forschungsprojekt morgen schon aufgrund neuer Entwicklungen uninteressant werden. Daher bleiben vor allem die Kernfragen in der Pädagogischen Psychologie:

- Wie unterstützen Medien am besten alle Phasen des Lernprozesses?

- Wie werden Medien in Bezug auf didaktische Prozesse sinnvoll genutzt?

- Wie lassen sich Kompetenzen von Schülern für einen selbstverantwortlichen Umgang mit Medien stärken?

- Was ist für Kinder und Jugendliche, aber auch in der Erwachsenenbildung, zumutbar?

- Wie sieht eine audiovisuelle und technische Grundbildung aus, die auch eine gewisse Medienkritik beinhaltet?

- Wie muss der Umgang mit Medien in Hinblick auf die intellektuelle, soziale und moralische Entwicklung gestaltet werden vor allem im Hinblick auf den Aspekt der Selbstverantwortung?

Damit der Medieneinsatz gelingt, musst Du die FOLGENDEN PUNKTE beachten:

- **Einfachheit:** Im Unterricht genutzte Medien sind am besten intuitiv bedienbar, damit Schüler keine kognitiven Kapazitäten auf Verständnis und Gebrauch verschwenden müssen. Neue Technologien sollten nur genutzt werden, wenn der Lerninhalt nur geringe inhaltliche Anforderungen an die Lehrperson stellt oder diese damit vertraut ist.

- **Vorbereitung:** Je technischer ein Medium, desto mehr Gefahr unerwünschter Ablenkung droht im Unterricht. Die Entscheidung für analoges oder digitales Unterrichten ist keine Frage der Technik, sondern immer der Didaktik.

- **Medienbezogene Kompetenzen:** Im Idealfall werden verschiedene Medien kombiniert. Digitale Plattformen ermöglichen verschiedene Settings. Lehrende sind daher aufgefordert, sich mit diesen Technologien vertraut zu machen.

- **Didaktische Gestaltung:** Im Unterricht kommt es immer wieder zu situativen und einzigartigen Ereignissen. Die didaktische Planung sollte daher immer Kriterien wie Motivation, Leistungsfähigkeit, Vorwissen, Gruppendynamik und Lernformen umfassen und im Design entsprechend berücksichtigen. Die verwendeten Lehrmaterialien sollten zudem immer wieder evaluiert werden.

- **Texte:** Texte sind nach wie vor das Leitmedium im Unterricht. Bei ihrem Einsatz ist didaktisch zu prüfen, wie Texte hinsichtlich Gestaltung und Nutzung mit anderen Lernmedien optimiert werden können. Sie sollten zudem anhand der Zielkriterien für den Unterricht überprüft werden.

SONDERFALL MULTIMEDIA

Beim Einsatz aller anderen Medien ist eine kognitive Überlastung zu vermeiden. Doch was tun, wenn "die Kanäle dicht" sind?

- **Off Loading:** Zu viel Text und Bild können eine Überlastung verursachen. Hier werden entweder die Texte auditiv angeboten oder die Bilder werden vereinfacht.

- **Pretraining und Segmenting:** Um eine Überforderung zu vermeiden, kann ein Vorabtraining der Schüler stattfinden oder die Lernumgebung wird in kleinere Einheiten aufgeteilt.

- **Weeding und Signaling:** Es ist möglich, dass eine kognitive Überlastung durch zu viele Zusatzinformationen wie Fallbeispiele auftritt. Unnötige Zusatzinformationen werden dann entfernt oder die wichtigsten Aussagen können farblich markiert werden.

- **Aligning und Eleminating:** Hilft das Entfernen überflüssiger Materialien nicht, kann eine Umstrukturierung der Lernumgebung hilfreich sein.

- Überlastung kann möglicherweise durch eine bessere Synchronisation der verwendeten Medien abgebaut werden. Alternativ können Inhalte stärker dem Vorwissen der Schüler angepasst werden.

Die Erforschung der Lernmotivation wird deshalb so intensiv in der Pädagogischen Psychologie verfolgt, weil damit Lernverhalten und Lernergebnis positiv beeinflusst werden können. Obwohl die Studienlage wie zu Beginn dieses Kapitels dargestellt nicht eindeutig ist, hat sich in der Forschung der Konsens etabliert, dass Motivation nicht direkt mit dem Ergebnis der Leistung verknüpft ist. Es geht vor allem darum, verschiedene Variablen auf dem Weg von der anfänglichen Motivation bis zum Ergebnis zu ermitteln. Welche Prozessvariablen dabei wirklich entscheidend sind, ist eine Frage, mit der sich die aktuelle Forschung in der Pädagogischen Psychologie beschäftigt.

9. AUSBLICK

LEBENSLANGES LERNEN

Sehr viele Jahre hat sich die Pädagogische Psychologie nur auf die Untersuchung von Bildungsprozessen im Kindes- und Jugendalter beschränkt. Mittlerweile geht der Fokus auf lebenslanges Lernen. Das funktioniert nur, wenn die Grundprinzipien des Lernens auf alle Altersstufen übertragen werden. Diese Prinzipien sind:

- Lernfähigkeit bleibt das ganze Leben lang erhalten.

- Menschen sind flexibel in ihrem jeweiligen Entwicklungskontext.

- Intellektuelle Leistungsfähigkeit bleibt erhalten. Mit dem Alter kann abbauende fluide Intelligenz durch kristalline Intelligenz kompensiert werden.

- Lernen setzt immer an bereits bestehenden individuellen Interessen an.

- Hohe Motivation schafft Expertise.

- Entwicklungsspielräume sind individuell und werden selektiv optimiert und kompensiert.

- Entwicklung stellt eine Handlung im Kontext dar. Vorgaben sind zu erfassen, aber Grenzen dabei immer infrage zu stellen.

Traditionell lag der Schwerpunkt von Bildung im Kleinkindalter auf der Familie. Betreuungseinrichtungen wurden als Zusatzangebot wahrgenommen. Mittlerweile ist die frühkindliche Bildung an dem Punkt angekommen, an dem es in Kindergärten und Tagesstätten um den Selbstbildungsprozess von Kindern geht. Kinder werden damit zum aktiven Gestalter ihres eigenen Lern- und Entwicklungsprozesses, wobei sie sich mit Problemen und Lösungen auseinandersetzen, sich ausprobieren und an Erfolgen sowie Fehlern wachsen. Das traditionelle, gruppenorientierte Lernverständnis muss daher überprüft werden. Es gilt, Lernvoraussetzungen systematisch zu nutzen, um Spracherwerb, Sozialverhalten, Bindungsfähigkeit und Neugierde zu fördern. Eltern heute haben weniger Zeit, die sie mit ihren Kindern verbringen. Gleichzeitig nehmen mediale Einflüsse zu. Um kreative, flexible, wissbegierige und sozial kompetente Erwachsene zu halten, müssen die frühkindlichen Bildungsprozesse weiterhin erforscht und optimiert werden.

Viele Erkenntnisse aus der schulischen Bildung lassen sich auf die Erwachsenenbildung übertragen, wenngleich die unterschiedlichen Lebenssituationen berücksichtigt werden müssen. Hier wird die Pädagogische Psychologie zahlreiche neue Anwendungsfelder finden. Es geht um die Konzeption von Bildungsangeboten, aber auch um Beratung und Training. Zu beachten ist, dass die "Schüler" zahlen, das heißt, Lernende werden auch zu Kunden mit eigenen Erwartungen. LEBENSLANGES LERNEN findet in diesen LERNWELTEN UND LERNFELDERN statt:

- Selbstbestimmtes Lernen: Lernen geschieht auf eigenen Wunsch, die Themenfelder sind selbst gewählt, Methoden werden eigenständig verfolgt.

- Institutionen: Volkshochschulen, aber auch Universitäten haben eine breite Palette an Angeboten.

- **Lernen mit Medien:** Um digitale Medien, aber auch Formate wie Online Kurse zu absolvieren, wird Medienkompetenz benötigt.

- **Fortbildung:** In diesen Bereich fallen berufliche Weiterbildungen.

- **Lebenszusammenhang:** Lernen kann in Kulturarbeit eingebettet sein und steht nicht im Vordergrund, ein Beispiel sind Familienbildungsstätten oder Angebote von Kirchen.

Lernen zu allen Lebenszeitpunkten und die frühkindliche Bildung stehen heute besonders in der Wahrnehmung der Pädagogischen Psychologie. Vor allem für Absolventen tun sich hier jede Menge interessanter Möglichkeiten auf dem Arbeitsmarkt auf. Von der Beratung über die Diagnostik, die Familienbildung, Interventionen in der Schule, Fortbildungen und Trainingsprogrammen ergeben sich zahlreiche Tätigkeitsfelder. Die Lebenswelten von Lernenden garantieren immer eine Arbeit im fruchtbaren Spannungsfeld von Forschung und Praxis. Zu Lehrsituationen die psychologischen Aspekte der Lernenden hinzuzufügen, ist eine der größten Stärken Pädagogischer Psychologen, die immer zwischen Diagnostik und Intervention tätig sind.

RECHTLICHES UND IMPRESSUM

Das Werk einschließlich aller Inhalte ist urheberrechtlich geschützt. Der Nachdruck oder Reproduktion, gesamt oder auszugsweise, sowie die Einspeicherung, Verarbeitung, Vervielfältigung und Verbreitung mit Hilfe elektronischer Systeme, gesamt oder auszugsweise, ist ohne schriftliche Genehmigung des Autors untersagt. Alle Übersetzungsrechte vorbehalten.

Die Inhalte dieses Buches wurden anhand von anerkannten Quellen recherchiert und mit hoher Sorgfalt geprüft. Der Autor übernimmt dennoch keinerlei Gewähr für die Aktualität, Richtigkeit und Vollständigkeit der bereitgestellten Informationen.

Haftungsansprüche gegen den Autor, welche sich auf Schäden gesundheitlicher, materieller oder ideeller Art beziehen, die durch Nutzung oder Nichtnutzung der dargebotenen Informationen bzw. durch die Nutzung fehlerhafter und unvollständiger Informationen verursacht wurden, sind grundsätzlich ausgeschlossen, sofern seitens des Autors kein nachweislich vorsätzliches oder grob fahrlässiges Verschulden vorliegt. Dieses Buch ist kein Ersatz für medizinische oder professionelle Beratung und Betreuung.

Dieses Buch verweist auf Inhalte Dritter. Der Autor erklärt hiermit ausdrücklich, dass zum Zeitpunkt der Linksetzung keine illegalen Inhalte auf den zu verlinkenden Seiten erkennbar waren. Auf die verlinkten Inhalte hat der Autor keinen Einfluss. Deshalb distanziert der Autor sich hiermit ausdrücklich von allen Inhalten aller verlinkten Seiten, die nach der Linksetzung verändert wurden. Für illegale, fehlerhafte oder unvollständige Inhalte und insbesondere für Schäden, die aus der Nutzung oder Nichtnutzung solcherart dargebotener Informationen entstehen, haftet allein der Anbieter der Seite, auf welche verwiesen wurde, nicht aber der Autor dieses Buches.

ISBN: 978-3-98935-523-1

Lucid Page Media (ein Imprint der Orbita Media GmbH)
Ericusspitze 4
20457 Hamburg
Deutschland
kontakt@lucidpagemedia.de

Umschlaggestaltung: chaela (www.chaela.de) unter Verwendung
eines Motivs von BiZkettE1 / Freepik
Lektorat: Eugenie Dsos
Formatierung: individualgraphics
Layout: individualgraphics

QUELLEN

ANMERKUNG:

Die folgenden Quellen wurden kontinuierlich im Text benutzt. Die meisten davon haben Studien und Untersuchungen ausgewertet. Falls andere Studien im Text erwähnt werden, sind die zusätzlichen Quellen im Text direkt gekennzeichnet.

Kubinger, K. D.; Jäger, R. S. (Hrsg.) (2003): Schlüsselbegriffe der Psychologischen Diagnostik. Weinheim/Basel/Berlin: Beltz Verlag

Mienert, M.; Pitchert, S. (2011): Pädagogische Psychologie – Theorie und Praxis des Lebenslangen Lernen, Wiesbaden: VS Verlag

Seidel, T.; Krapp, A. (Hrsg.) (2014): Pädagogische Psychologie, 6. Aufl., Weinheim: Beltz Verlag

Stangl, W. (2020): Vorlesungsskripte von Prof. Stangl, Uni Graz. URL: https://arbeitsblaetter.stangl-taller.at/ [Stand: 02-03-2020]

Steinebach, C.; Süss, D.; Kienbaum, J.; Kiegelmann, M. (2016): Basiswissen Pädagogische Psychologie – Die psychologischen Grundlagen von Lehren und Lernen, Weinheim-Basel: Beltz Verlag

Wild, E.; Möller, J. (Hrsg.) (2009): Pädagogische Psychologie, Berlin-Heidelberg: Springer Verlag

Abicht, L.; Dubiel, G. (2003): E-Learning in der beruflichen Weiterbildung. In: Peters, S. (Hrsg.), Lernen und Weiterbildung als permanente Personalentwicklung, Bd. I, Veröffentlichung zur Ringvorlesungsreihe "Innovationsfaktor Weiterbildung in der Wirtschaft" an der Otto-von-Guericke-Universität Magdeburg, München-Mering: Rainer Hampp-Verlag, S. 157-170

Bales, R. F. (1951): Interaction Process Analysis, Chicago: Chicago University Press

Conklin, J. (1987): Hypertext – A survey and introduction. In: IEEE Computer, Vol. 20 (9), S. 17-41

Csikszentmihalyi, M.; Schiefele, U. (1993): Die Qualität des Erlebens und der Prozess des Lernens. In: Zeitschrift für Pädagogik, Vol. 39 (2), S. 207-221

Deci, E. L.; Ryan, R. M. (1985): Intrinsic motivation and self-determination in human behavior. New York: Plenum Press

Fischer, C. (2008): Lernstrategien in der Begabtenförderung – Strategien des selbstgesteuerten Lernens in der individuellen Förderung besonders begabter Kinder. In: news&science – Begabtenförderung und Begabungsforschung, Vol. 19 (2), S. 31-34

Flink, C.; Boggiano, A. K.; Barratt, M. (1990): Controlling teaching strategies – Undermining children's self-determination and performance. In: Journal of Personality and Social Psychology, Vol. 59 (5), S. 916-924

Göpferich, S. (2002): Textproduktion im Zeitalter der Globalisierung – Entwicklung einer Didaktik des Wissenstransfers, 2. Aufl., Tübingen: Stauffenburg-Verlag

Groeben, N. (1978): Die Verständlichkeit von Unterrichtstexten – Dimensionen und Kriterien rezeptiver Lernstadien, 2. Aufl., Münster: Aschendorff

Gürtler, T. (2003): Trainingsprogramm zur Förderung selbstregulativer Kompetenz in Kombination mit Problemlösestrategien PROSEKKO – Entwicklung, Durchführung und längsschnittliche sowie prozessuale Evaluation, Frankfurt am Main: Peter Lang

Häcker, H.-G.; Stapf, K.-H. (2004): Dorsch Psychologisches Wörterbuch, 14. Aufl., Bern: Huber

Häder, M.; Häder, S. (2000): Die Delphi-Technik in den Sozialwissenschaften, Wiesbaden: Springer Verlag

Hasselhorn, M.; Schneider, W. (Hrsg.) (2007): Handbuch der Entwicklungspsychologie, Göttingen: Hogrefe Verlag

Heckhausen, J.; Heckhausen, H. (Hrsg.) (1999): Motivation und Handeln, 2. Aufl., Heidelberg: Springer Verlag

Helmke, A. (1993): Die Entwicklung der Lernfreude vom Kindergarten bis zur 5. Klassenstufe. In: Zeitschrift für Pädagogische Psychologie, Vol. 7 (2-3), S. 77-86

Heller, K. A. (Hrsg.) (2000): Lehrbuch Begabungsdiagnostik in der Schul- und Erziehungsberatung, 2. Aufl., Bern/Göttingen/Toronto/Seattle: Huber Verlag

Heller, K. (2001): Hochbegabung im Kindes- und Jugendalter, 2. Aufl., Göttingen: Hogrefe Verlag

Holling, H.; Kanning, U. P. (1999): Hochbegabung – Forschungsergebnisse und Fördermöglichkeiten, Bern/Göttingen/Toronto/Seattle: Hogrefe Verlag

Horstkemper, M.; Tillmann, K. J (2008): Studien zu Einzelschulen. In: Helsper, W.; Böhme, J. (Hrsg.), Handbuch der Schulforschung, 2. Aufl., Wiesbaden: VS Verlag für Sozialswissenschaften, S. 285-320

Hovland, C. I.; Weiss, W. (1951): The influence of source credibility on communication effectiveness. In: Public Opinion Quarterly, Vol. 15 (4), S. 635-650

Kintsch, W.; van Dijk, T. A. (1978): Toward a Model of Text Comprehension and Production. In: Psychological Review, Vol. 85 (5), S. 363-394

Kirkpatrick, D. L.; Kirkpatrick, J. D. (2006): Evaluating Training Programs – The Four Levels, 3. Aufl., San Francisco, CA: Berrett-Koehler Publishers

Krapp, A. (1993): Psychologie der Lernmotivation – Perspektiven der Forschung und Probleme ihrer pädagogischen Rezeption. In: Zeitschrift für Pädagogik, Vol. 39 (2), S. 187-206

Lewin, K. (1963): Verhalten und Entwicklung als eine Funktion der Gesamtsituation. In: Lewin, K., Feldtheorie in den Sozialwissenschaften, Bern: Huber Verlag, S. 271-329, übersetzt von Lang, A.; Lohr, W.

Mönks, F. J.; Ypenburg, I. H. (2012): Unser Kind ist hochbegabt – Ein Leitfaden für Eltern und Lehrer, 4. Aufl., München: Reinhardt Verlag

Moosbrugger, H.; Kelava, A. (Hrsg.) (2012): Testtheorie und Fragebogenkonstruktion, Berlin-Heidelberg: Springer Verlag

Moreno, J. L. (1974): Die Grundlagen der Soziometrie – Wege zur Neuordnung der Gesellschaft, Opladen: Westdeutscher Verlag

Müller-Oppliger, V. (2014): Paradigmenwechsel zu einem ökologischen Begabungsmodell. In: Weigand, G.; Müller-Oppliger, V.; Hackl, A.; Schmid, G. (Hrsg.), Personalorientierte Begabungsförderung – Eine Einführung in Theorie und Praxis, Weinheim-Basel: Beltz Verlag, S. 68-77

Perels, F. (2003): Ist Selbstregulation zur Förderung von Problemlösen hilfreich? Entwicklung, Durchführung sowie längsschnittliche und prozessuale Evaluation zweier Trainingsprogramme. Frankfurt am Main: Peter Lang

Prenzel, M. (1996): Bedingungen für selbstbestimmt motiviertes und interessiertes Lernen im Studium. In: Lompscher, J.; Mandl, H. (Hrsg.), Lehr- und Lernprobleme im Studium - Bedingungen und Veränderungsmöglichkeiten, Göttingen: Huber Verlag, S. 11-22

Rheinberg, F.; Günther, A. (1999): Ein Unterrichtsbeispiel zum lehrplanabgestimmten Einsatz individueller Bezugsnormen. In: Rheinberg, F.; Krug, S. (Hrsg.), Motivationsförderung im Schulalltag, Göttingen: Hogrefe Verlag, S. 55-68

Salovey, P.; Mayer, J. D. (1990): Emotional Intelligence. In: Imagination, Cognition and Personality, Vol. 9 (2), S. 185-211

Schiefele, U.; Pekrun, R. (1996): Psychologische Modelle des fremdgesteuerten und selbstgesteuerten Lernens. In: Weinert, F. E. (Hrsg.), Enzyklopädie der Psychologie – Pädagogische Psychologie, Bd. 2, Psychologie des Lernens und der Instruktion, Göttingen: Hogrefe Verlag, S. 249-278

Schiefele, U.; Köller, O. (2010): Intrinsische und extrinsische Motivation. In: Rost, D. H. (Hrsg.), Handwörterbuch Pädagogische Psychologie, Weinheim: Beltz Verlag, S. 303-310

Schmitz, B.; Wiese, B. S. (2006): New perspectives for the evaluation of training sessions in self-regulated learning – Time-series analyses of diary data. In: Contemporary Educational Psychology, Vol. 31 (1), S. 64-96

Schulte zu Berge, S. (2001): Hochbegabte Kinder in der Grundschule – Erkennen – Verstehen – Im Unterricht berücksichtigen, 2. Aufl., Münster: LIT Verlag

Schweinhart, L. J.; Montie, J.; Xiang, Z.; Barnett, W. S; Belfield, C. R; Nores, M. (2005): Lifetime effects – The High/Scope Perry Preschool study through age 40, Ypsilanti, MI: HighScope Press

Slaski, M.; Cartwright, S. (2002): Health Performance and Emotional Intelligence – An Exploratory Study of Retail Managers. In: Stress and Health, Vol. 18 (2), S. 63-68

Spinath, B. (2006): Motivation in der Pädagogischen Psychologie – Wie bedeutsam ist sie für Schulerfolg und wie leicht ist sie veränderbar? Positionsreferat im Rahmen des 45. Kongresses der Deutschen Gesellschaft für Psychologie

Sternberg, R. J.; Lubart, T. I. (1991): An Investment Theory of Creativity and Its Development. In: Human Development, Vol. 34 (1), S. 1-31

Trautmann, T. (2010): Einführung in die Hochbegabtenpädagogik, Bd. 53, Grundlagen der Schulpädagogik, Baltmannsweiler: Schneider Verlag Hohengehren

Vernon, P. A. (1983): Speed of information processing and general intelligence. In: Intelligence, Vol. 7 (1), S. 53-70

Wild, K. P.; Schiefele, U. (1994): Lernstrategien im Studium – Ergebnisse zur Faktorenstruktur und Reliabilität eines neuen Fragebogens. In: Zeitschrift für Differentielle und Diagnostische Psychologie, Vol. 15 (4), S. 185-200

Ziegler, A. (2005): The Actiotop Model of Giftedness. In: Sternberg, R.; J. Davidson (Hrsg.), Conceptions of Giftedness, New York: Cambridge University Press, S. 411-436

Ziegler, A. (2009): „Ganzheitliche Förderung" umfasst mehr als nur die Person – Aktiotop- und Soziotopförderung. In: Heilpädagogik online, 02/09, S. 5-34

Zimmerman, B. J. (2000): Attaining Self-Regulation – A social cognitive perspective. In: Boekaerts, M.; Pintrich, P. R.; Zeidner, M. (Hrsg.), Handbook of Self-Regulation, San Diego, CA: Academic Press, S. 13-39